近江の祭礼行事❶

日吉山王祭

—山を駆け湖を渡る神輿たち—

写真・文

山口幸次

SUNRISE

ご挨拶

山王総本宮日吉大社
宮司　馬渕　直樹

湖国三大祭りに数えられ、勇壮豪快な祭りとして知られる山王祭。そして祭り好きの人々にとって一度は担いでみたいと言われる神輿のルーツの山王神輿。

この度、自称根っからの祭り好きの坂本っ子山口幸次氏（愛称ゆきさん）が、山王祭について、その中心的存在である神輿を担ぐ駕輿丁《かよちょう》の立場から、長年温めて来られた成果を愛情込めてまとめ上げてくれました。誠にありがたく心から御礼とお喜びを申し上げます。

日吉大社と山王祭については、景山春樹・嵯峨井建《たつる》両氏が専門的に研究いただいておりますが、山口氏は山王祭を裏から支えていただくという貴重な立場に立って、その一部始終を入念に紹介していただきました。

一月の初寄りから四月十五日の酉《とり》の神事まで、約三カ月の長きにわたって山王祭実行委員会の関係者はほとんど毎週の会合を重ねて、駕輿丁は勿論のこと関係者の心が一つになって山王祭が守り伝えられて来ました。山口氏も言われるとおり、神事は神職が、神輿は駕輿丁が仕切って、山王祭は執り行われます。神事について、神職が十分承知しているることは当然ですが、松明《たいまつ》作り等、山王祭の諸準備については神職が知らない部分も少なくありません。これらの点についても詳細に記述いただき、山王祭の手引書としても貴重であります。

さて山王祭午ノ神事《うまじんじ》を評して、神のお山・八王子山の上から松明と共に担ぎ降ろされる神輿の姿は、四十日間の山上でのお籠もりの後、瑞々しいお力を得て蘇られた東本宮の神様である。そのお姿を間近に拝することができる絶好の機会であると指摘される方もおられます。

たとえば本書の「山王祭メモ」では、この午ノ神事を琵琶湖対岸の草津の人々が「龍神様が山から降りて来られる」と遙拝しておられるとのこと。興味深い話で、感心させられました。

エピソードを一つ紹介しておきます。一昨年、山口氏は嘉田滋賀県知事の紹介で山王祭の見学を希望された、染織家の志村ふくみ（人間国宝）さん親子の案内をされました。志村さんは山王祭に感銘を受け、桂《かつら》の枝で染めた着物を織り上げて「樱舞う日吉のまつり桂葉を髪に挿《さ》しけん旅びとわれも」の歌を添えて、きもの裂《きれ》と共に掛け軸を当社に奉納されました。山王祭のすばらしさもさることながら、志村さんは山口氏の懇切な案内にも感謝しておられました。

ゆきさん、益々御壮健で、天下の勇祭・日吉山王祭が未来永劫守り伝えられますよう、今後とも一層の御協力をお願い申し上げます。また更なる御研鑽を積まれますことを御祈念申し上げ、お祝いのご挨拶とさせていただきます。

目次

日吉大社の歴史 6

第一章 山王祭の前儀 17

鈴縄巻き 二月の最終日曜日 18
お輿《こし》上げ 三月の第一日曜日 19
お灯明上げ 三月一日～四月十二日 21
山王祭メモ 拡張された三宮《さんのみや》神社拝殿の扉 22
直木《なおき》神事 三月二十七日 午前十時
真榊《まさかき》神事 〃 午後六時三十分 23
山王祭メモ 最澄《さいちょう》の俗名にちなんだ地名 24
おいで神事 三月三十日 午後七時 25
描かれたおいで神事 25
午《うま》ノ神事《じんじ》肩組《かたぐみ》 四月二日 午後七時 27
各家庭でも飾られる日吉山王曼荼羅《まんだら》 29
●日吉大社の建築・工芸 30

第二章 神々の出現 33

大榊《おおさかき》神事 四月三日 午後七時 34
大津天孫《てんそん》神社と大榊 35
山王祭スポット 那波加荒魂《なはかあらみたま》神社／蛭子《えびす》神社／天孫神社 37
禊《みそぎ》 四月十二日 午前八時 38
清祓《きよはら》い 四月十二日 午前十時 39
注連竹《しめたけ》を立てる 40
山王祭メモ 駕輿丁《かよちょう》の襷《たすき》の色分け 40
午《うま》ノ神事《じんじ》 四月十二日 午後七時 41
夜の祭り、午ノ神事 42
山王祭メモ 対岸から見つめる人々 43
午ノ神事は神様の結婚式？ 45
神輿出し神事 四月十三日 午前九時
神輿入れ神事 〃 午前十時 48
山王祭メモ 神事ごとに異なる神輿の配置 49
宵宮場《よみやば》とは何か？ 51
献茶式 四月十三日 午前十一時 52
花渡り式 四月十三日 午後一時 53
山王祭スポット 日吉茶園 53
山王祭メモ 花渡り式の今昔 56
未《ひつじ》の御供《ごく》献納祭 四月十三日 午後三時 57
山王祭スポット 洛中の日吉神社 59
山王祭スポット 生源寺《しょうげんじ》 61
山王祭メモ 御供本《ごくもと》と差符《さしふ》 61
宵宮落《よみやおと》し神事 四月十三日 午後七時 62

山王祭メモ　神輿振りは、お産の陣痛を表すのか?　71
●駕輿丁《かよちょう》の手作り道具　72

第三章　華やかな山王祭　75

東本宮例祭　四月十四日　午前八時三十分――76
西本宮例祭　四月十四日　午前十時――77
山王祭メモ　神仏分離による廃止から復活　79
御浦《みうら》の神事　四月十四日　午後一時――81
大榊還御《おおさかきかんぎょ》　四月十四日　午後一時――82
山王祭メモ　山王祭の持ち場と分担　87
拝殿出し神事　四月十四日　午後一時三十分頃――88
山王祭メモ　日吉大社とサル　90
神輿神幸《しんよしんこう》　四月十四日　午後二時三十分頃――91
船渡御《ふなとぎょ》　四月十四日　午後四時頃――94
粟津《あわづ》の御供《ごく》献納祭　四月十四日　午後四時三十分頃――96
粟津の御供は神話の再現　98
山王祭スポット　唐崎《からさき》神社　99
粟津御供を支えた供御人《くごにん》　100
山王祭スポット　粟津《あわづ》神社と膳所《ぜぜ》五社　100

山王祭メモ　神事船を務めた九カ浦／船数と類別／若宮港への帰途の競争　102
神輿《しんよ》上陸・還御《かんぎょ》　四月十四日　午後五時頃――104
山王祭メモ　琵琶湖底の神輿　105
●山王祭の絵画史料　106

第四章　おさめの祭　113

酉《とり》の神事　四月十五日　午前十時――114
船路《ふなじ》御供《ごく》献納祭　四月十五日　午前十時三十分――116
山王祭スポット　八所《はっしょ》神社　116
直会《なおらい》―飲み食いの山王祭――116
山王祭メモ　休む間もなく「坂本総祭り」　119
山王祭　日程表　120
祭礼用語ミニ辞典　122
あとがき　124
参考文献・協力者　126

⬆八王子山の山頂近く、磐座《いわくら》とされる巨岩「金大巌《こがねのおおいわ》」に至る石段をはさんで牛尾宮（右）と三宮宮（左）の社殿が建つ。

➡春には桜の名所となる「日吉馬場《ひよしのばんば》」（京阪坂本駅から日吉大社入口の鳥居まで東西に伸びる道）から八王子山を望む。山頂の少し下に見える三角形が、牛尾宮の社殿の屋根

日吉大社の歴史

東西二つの本宮

「日枝（吉）」の文字が初めて現れるのは、今から一三〇〇年前、日本最古の歴史書『古事記』の中で、「大山咋神《おおやまくいのかみ》、亦《また》の名は山末之大主神《やますえのおおぬしのかみ》、此《こ》の神は近淡海国《ちかつおうみのくに》の日枝《ひえ》の山に坐《ま》す」とあります。好字の「吉」をあて、「ひよし」の読みも生まれました。「日枝の山」は、比叡《ひえい》山系の東端、きれいな円錐形をした八王子山《はちおうじやま》（別名牛尾山《うしおやま》。標高三七八メートル）とする見方もありますが、もっと広く比叡山全山とみた方がよいと思われます。まさに「日枝の山に坐す」大山咋神を祀るのが、日吉大社の東本宮《ひがしほんぐう》（旧称二宮《にのみや》）です。

これに続いて、天智《てんじ》天皇によって新たな神が祀られました。六六七年に近江《おうみ》大津宮《おおつのみや》への遷都が行われると、その翌年、大和《やまと》国の三輪山《みわやま》から大己貴神《おおなむちのかみ》が勧請《かんじょう》され、西本宮《にしほんぐう》（旧称大宮《おおみや》）ができたと伝わります。

西本宮は伝教大師《でんぎょうだいし》最澄が入山後、延暦寺の鎮守神、天台宗の鎮護神として位置づけられ、「山王権現《さんのうごんげん》」とも称されるようになります。この「山王」という号は、最澄《さいちょう》が唐に渡った時、天台宗発祥の地である天台山国清寺《こくせいじ》（中国浙江省《せっこう》）に祀られていた天台山の守護神「山王元弼真君《さんのうげんひつしんくん》」に由来します。

こうして、旧来の産土神である東本宮よりも西本宮が上位の中心的存在となりました、神に授けられた位階からみると、元慶《がんぎょう》四年（八八〇）に大比叡神《おおびえ》（西本宮祭神）が正《しょう》二位から正一位に、小比叡神《おびえ》（東本宮祭神）が従五位上《じゅごいのじょう》から従四位《し》下に昇叙《しょうじょ》された記録が残されています。

山王七社

丸数字は祭神の順位、（　）内は明治以前の旧称。以下のページでは、曼荼羅や神輿の配置図でも、西本宮系は■、東本宮系は■に色分けした。

本宮
摂社

西本宮系

①西本宮（大宮）
③宇佐宮（聖真子）
⑤白山宮（客人）

東本宮系

②東本宮（二宮）
④牛尾宮（八王子）
⑥樹下宮（十禅師）
⑦三宮宮（三宮）

⬇奈良県桜井市にある三輪山《みわやま》（標高467m）。手前は、大和国一の宮である大神《おおみわ》神社の大鳥居（奈良県ビジターズビューロー提供）

そして、平安時代前期にあたる仁和《にんな》年間（八八五〜八八九）には、宇佐八幡宮《うさはちまんぐう》（大分県宇佐市）から勧請された宇佐宮（旧称聖真子《しょうしんし》）が祀られ、西本宮・東本宮・宇佐宮の三社で「山王三聖《さんせい》」と称されました。この三社の本殿のみが、背面の軒《のき》を途中で切り落としたような日吉造《ひえづくり》（別名聖帯《しょうたい》造）と呼ばれる独特の屋根の形をしています。

山王七社が整う

平安時代末期には、三聖に白山宮（旧称客人《まろうど》）・牛尾宮（八王子）・樹下《じゅげ》宮（十禅師《じゅうぜんじ》）・三宮宮《さんのみや》（三宮）の四社を加えた山王七社の形が整えられました。この頃、七社が一基ずつ有する神輿《みこし》もすべてそろったと伝わり、現在の姿に近い山王祭が行われるようになったのではないかと考えられます。

七社は、上図のように西本宮系の三社と、東本宮系の四社に分かれ、山王祭でも神事ごとに関わる神輿が決まっています。これは「七」という数字が重要で、天空の北斗七星《ほくとしちせい》と地の山王七社が対応すると考えられました。この天台教学に基づく思想は、鎌倉時代に延暦寺の学僧光宗《こうしゅう》が編纂した『渓嵐拾葉集《けいらんしゅうようしゅう》』にも記されています。

さらに、この七社を「上七社」とし、「中七社」「下七社」を加えた「山王二十一社」、境内の霊石や神木を含めて「社内百八社」、坂本周辺や京都付近の社まで合わせた「社外百八社」も定められていきました。

また、この頃、仏・菩薩を本地《ほんじ》とし、神を衆生《しゅじょう》救済のための垂迹《すいじゃく》（生まれ変わった仮の姿）と考える「本地垂迹説」が盛んとなり、日吉社の祭神それぞれにも本地仏が配されました。こうした神仏習合思想から、日吉社境内の景観や本地仏の配置を描いた「山王曼荼羅《まんだら》」が多数作成さ

「山法師強訴図」（部分、滋賀県立琵琶湖文化館蔵）

日吉社の神輿を担ぎ、京の内裏に強訴しようとする延暦寺の僧兵たち。江戸時代の作。

れ、信者の講などの場で本尊として用いられるようになっていきます。

恐れられた神威

延久三年（一〇七一）に後三条《ごさんじょう》天皇が行幸したのを皮切りに、日吉社へは天皇や法皇がたびたび詣《もう》でるようになります。特に後白河《ごしらかわ》法皇は十数回も参詣しています。これは、平安時代中期以降、延暦寺の僧によって日吉社の神威が広く喧伝《けんでん》されるようになったためです。

その力を借りて延暦寺は、南都《なんと》（奈良の諸寺）や寺門《じもん》（園城寺。延暦寺＝山門《さんもん》に対していう）との対立や荘園をめぐる受領《ずりょう》との争いに際して、自らの要求を通すための強訴《ごうそ》に日吉社の神輿を押し立てて入京し、貴族らに恐れられました。白河上皇《じょうこう》のいわゆる「天下三不如意」（意のままにならない三つの事柄）に、鴨川の流れ、サイコロの目と並んで、比叡山の山法師《やまほうし》（延暦寺の僧兵）があげられたことは有名です（「加茂川ノ水、双六ノ賽《さい》、山法師、是《これ》ゾ朕心《ちんが》ニ随《したがわ》ヌ者」『源平盛衰記《げんぺいじょうすいき》』）。

坂本の盛衰

中世の坂本は、全国各地に設けられた延暦寺や日吉社の荘園から米などを琵琶湖の水運を利用して運び込む門前の港町として、さらに諸物資を陸運で京に運ぶ交易の場として発展しました。応永元年（一三九四）、三代将軍足利義満《あしかがよしみつ》が日吉社に参詣した際の記録である『日吉社室町殿御社参記《ひよししゃむろまちどのごしゃさんき》』には、延暦寺と日吉社側で、その準備にかかる莫大な費用をまかなうため、坂本に三九軒もあった土《ど》倉《そう》（金融業者）に課税したことが記録されています。

馬借《ばしゃく》・車借《しゃしゃく》の数も多く、馬や荷車による物資輸送に活躍しました。坂本の馬借が、徳政令を要求して起こした土一揆《つちいっき》の多くでは、日吉社の社

日吉山王金銅装神輿《しんよ》　７基（重要文化財、日吉大社提供）

写真は、修理前（昭和 50 年）の撮影。現在は、境内の収蔵庫に保管され、山王祭では新造の神輿を用いている。

殿を占拠して、徳政が行われなければ火をつけると幕府を脅す方法がとられたため、実際に放火される被害も幾度か受けています。

応仁の乱（一四六七〜七七）以後は、京都から坂本に避難してくる公家も多く、戦国の世となると生涯、近江各地を転々とした十二代将軍足利義晴《よしはる》の場合、計七回も坂本に滞在しています。長引く動乱の中で、各地の社寺と同様、日吉社は参詣人もまばらな寂れた姿となります。そこへ止めの一撃ともいえる事件が起こりました。

焼き討ちからの復興

元亀《げんき》二年（一五七一）九月十一日、比叡山焼き討ちが行われ、夜明けとともに坂本から攻め入った織田信長軍三万によって、日吉社の社殿がすべて灰燼《かいじん》に帰したのです。

この際、坂本を追われた社家の祝部行丸《はふりべゆきまる》は、皇族や戦国武将に働きかけて、日吉社の再建に取り組みます。天正十四年（一五八六）の西本宮本殿を手始めに桃山時代から江戸時代初めにかけて再興されていった上七社の社殿は、現在、国宝もしくは重要文化財に指定されています。

天正十七年には、大津城主だった新庄直頼《しんじょうなおより》が大宮・二宮・聖真子の神輿を寄進、琵琶湖での船渡御《ふなとぎょ》が復活し、間もなく残り四社の神輿も新造されました。

同時に延暦寺の復興も進められる中、日吉社付近に影響を与えた変化は、天台座主《ざす》が比叡山を下りて坂本の滋賀院門跡《もんぜき》に移り住んだことで、比叡山三塔でも東塔の止観院《しかんいん》など、それぞれの里坊《さとぼう》を坂本に置きました。高齢（六〇歳以上）となった修行僧が坂本に里坊を与えられて移り住むことが一般的となり、江戸時代を通じて日吉社の参道沿いに里坊が建ち

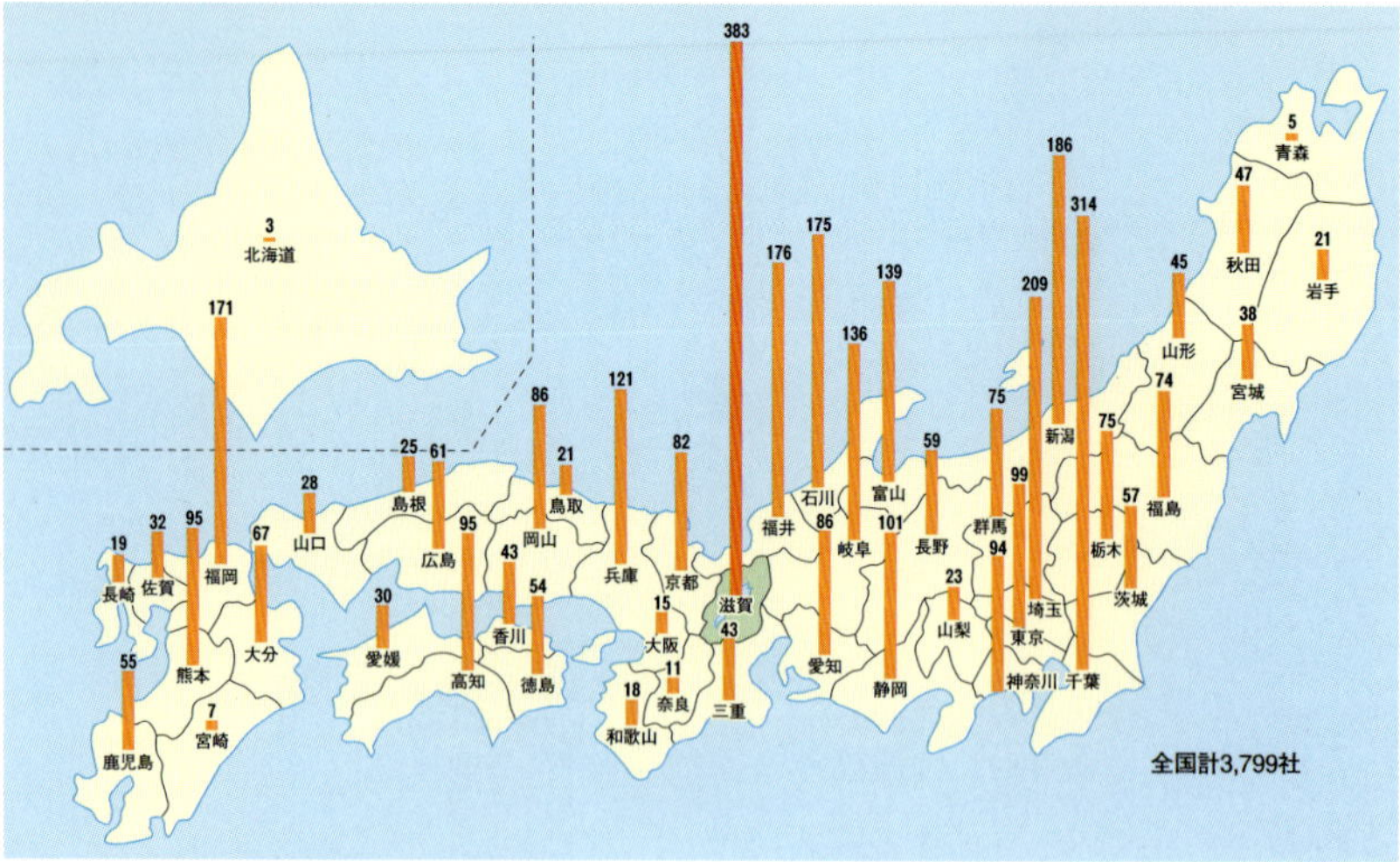

日吉大社の分霊社の分布（昭和17年調べ）
（官幣大社日吉大社社務所編『官幣大社日吉神社大年表』掲載の「分霊社分布一覧」をもとに作図）

並ぶ町並みができあがっていったのです。「穴太衆積《あのうしゅうづ》み」と呼ばれる石垣の上に土塀《どべい》や生け垣をめぐらした里坊内には、客殿の座敷などから鑑賞できる庭園が築かれました。現在、一〇の里坊庭園が国の名勝に、里坊の町並みは、国の重要伝統的建造物群保存地区に指定されています。

山王権現の分祀

江戸では、太田道灌《どうかん》の時代から日吉社を鎮護の神として祀っており、この地に移封された徳川家康はこれを江戸城内に遷座して鎮守としました。これが今も都民に「山王さん」と親しまれている千代田区の日枝《ひえ》神社（主祭神は大山咋神）です。江戸時代の山王祭は、神輿と数十台もの山車《だし》が江戸城への入城を許され、歴代将軍が上覧したことから、「天下祭り」と称されました。

江戸に限らず、日吉社は中世から全国の延暦寺領や日吉社領に分祀《ぶんし》されていきました。戦前（昭和十七年）の調べでは、沖縄県を除く四六都道府県に分霊社が認められ、合計は三七九九社、関東・北陸に多い傾向がうかがえます。近年、神社本庁が実施した調査（「全国神社祭祀祭礼総合調査」平成二〜七年）は、正式な届けがあるものに限った集計で、日吉（山王）権現を祀る神社は全国に一七二四社と報告されています。

神仏分離以後

明治の神仏分離の際、再び日吉社は厄災に見舞われます。慶応四年（一八六八）三月、それまで延暦寺が管理していた本殿の鍵を社司に引き継ぐよう通達が出されますが、衆議での決着がつかなかった延暦寺側はこれにすぐに応じませんでした。業を煮やした社司の主導で、武装した集団一〇〇人余りが社殿に乱入、本地《ほんじ》

⬆➡平成21年８月11日夜、延暦寺夜間特別拝観で行われた日吉大社神輿の出御。僧侶らの見守る中、西本宮の神輿１基を比叡山の山上に運び、根本中堂中陣に遷座させた。左上写真の神輿の手前は、延暦寺の「不滅の法灯」。

仏《ぶつ》や仏具・経巻など数千点が焼き払われたのです。現在、参道（日吉の馬場）両側に並んでいる四四基の常夜灯は、この騒ぎの中で、社殿の前から運び出され移建されたものです。

坂本の住民の多くはこの事件に批判的で、延暦寺の元で旧来どおりの山王祭が行えるよう県に対し嘆願《たんがん》した文書が残されています。

以上見てきた日吉大社の歴史が、山王祭には反映されており、特徴として次の二点があげられます。

山王祭の特徴

- 東本宮系の神事と、西本宮系の神事がある。
- 神仏習合の時代の姿を引き継ぎ、僧侶の参加がある。

まず、地元の神体山＝八王子山を信仰する形で起こった東本宮系の神事としては、その奥宮《おくのみや》にあたる牛尾宮・三宮宮に神輿二基を担ぎ上げた後、松明《たいまつ》の明かりの中、急坂を下り、これを東本宮拝殿に収める「午《うま》ノ神事」や、東本宮系四社の神輿による「宵宮《よみや》落し」があります。

一方、大和国の三輪山から琵琶湖を経て勧請され、国家鎮護の宮として発展した西本宮系の神事と考えられるのは、境内で切り出した巨大な榊《さかき》を大津の天孫《てんそん》神社に運ぶ「大榊神事」、琵琶湖上を神輿を乗せた船が唐崎沖まで進む船渡御《ふなとぎょ》、それにともなう「粟津《あわづ》の御供《ごく》」などです。

そして、比叡山延暦寺との関係では、西本宮本殿前で宮司に続いて、延暦寺僧侶が五色の幣《へい》を献じ読経《どきょう》する「五色《ごしき》の奉幣」などの他、開祖最澄の伝承にちなむ「献茶式」といったものもあります。

複雑でなかなか全体像をつかみにくい山王祭ですが、まずこの二点を頭に入れて、以下各神事の様子をご覧ください。

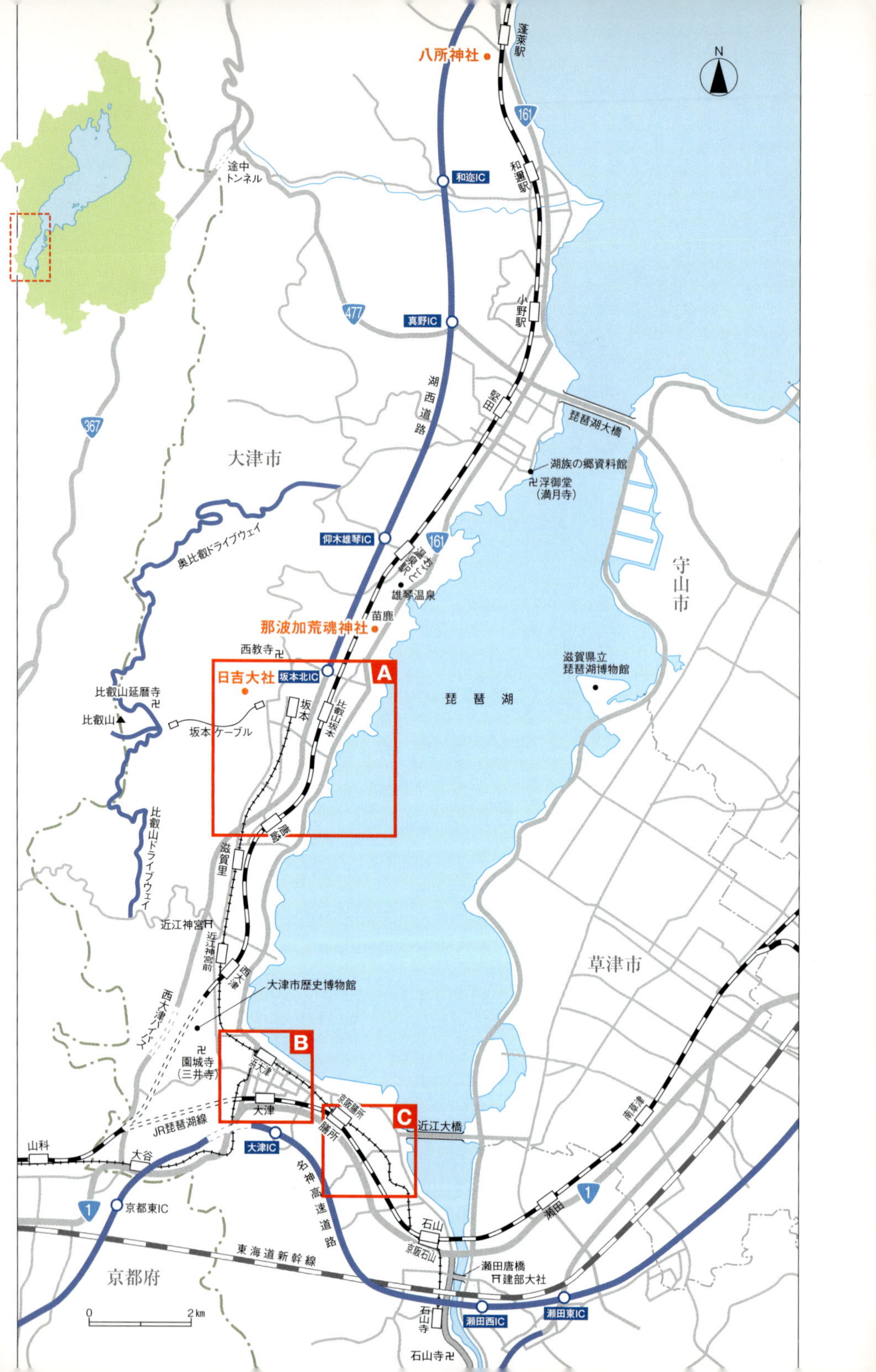

八所神社
蓬莱駅
N
161
和邇駅
和迩IC
途中トンネル
477
真野IC
小野駅
367
湖西道路
堅田
琵琶湖大橋
大津市
湖族の郷資料館
浮御堂（満月寺）
奥比叡ドライブウェイ
仰木雄琴IC
おごと温泉駅
161
雄琴温泉
守山市
苗鹿
那波加荒魂神社
西教寺
日吉大社
坂本北IC
A
比叡山延暦寺
比叡山
坂本ケーブル
坂本
比叡山坂本
滋賀県立琵琶湖博物館
琵琶湖
唐崎
滋賀里
比叡山ドライブウェイ
近江神宮
近江神宮前
西大津
大津市歴史博物館
草津市
西大津バイパス
園城寺（三井寺）
B
浜大津
大津
京阪膳所
膳所
C
近江大橋
JR琵琶湖線
大津IC
山科
大谷
名神高速道路
南草津
1
京都東IC
瀬田
1
石山
京阪石山
東海道新幹線
瀬田唐橋
建部大社
京都府
0
2km
瀬田西IC
瀬田東IC
石山寺
石山寺

A
坂本北IC
牛尾山
（八王子山）
牛尾宮・
三宮宮
3月第1日曜日
お輿上げ
4月13日
13:00
花渡り式
東本宮
宵宮場
4月12日
午ノ神事
日吉大社
止観院
旧竹林院
西本宮
生源寺
坂本市民センター
郡園神社
福太夫神社
十輪寺
聖衆来迎寺
比叡辻2東
4月14日
13:30
拝殿出し神事
日吉の馬場
坂本駅
坂本3
石占井神社
杉生神社
比叡山坂本駅
日吉中口
ケーブル坂本駅
坂本の里坊
慈眼堂
作り道
下阪本6
大崎神社
若宮神社
若宮港
大宮川
比叡山ケーブル
ほうらい丘駅
日吉東照宮
4月13日
18:00
宵宮落し神事
JR湖西線
藤ノ木川
松ノ馬場駅
161
47
琵琶湖
京阪石山坂本線
湖西道路
蓮瑞寺
4月14日
15:00
船渡御
盛安寺
七本柳の浜
四ツ谷川
石川町
正法寺
高穴穂神社
穴太駅
志津若宮神社
下阪本IC
唐崎駅
粟津の御供献納祭
唐崎神社
0
500m

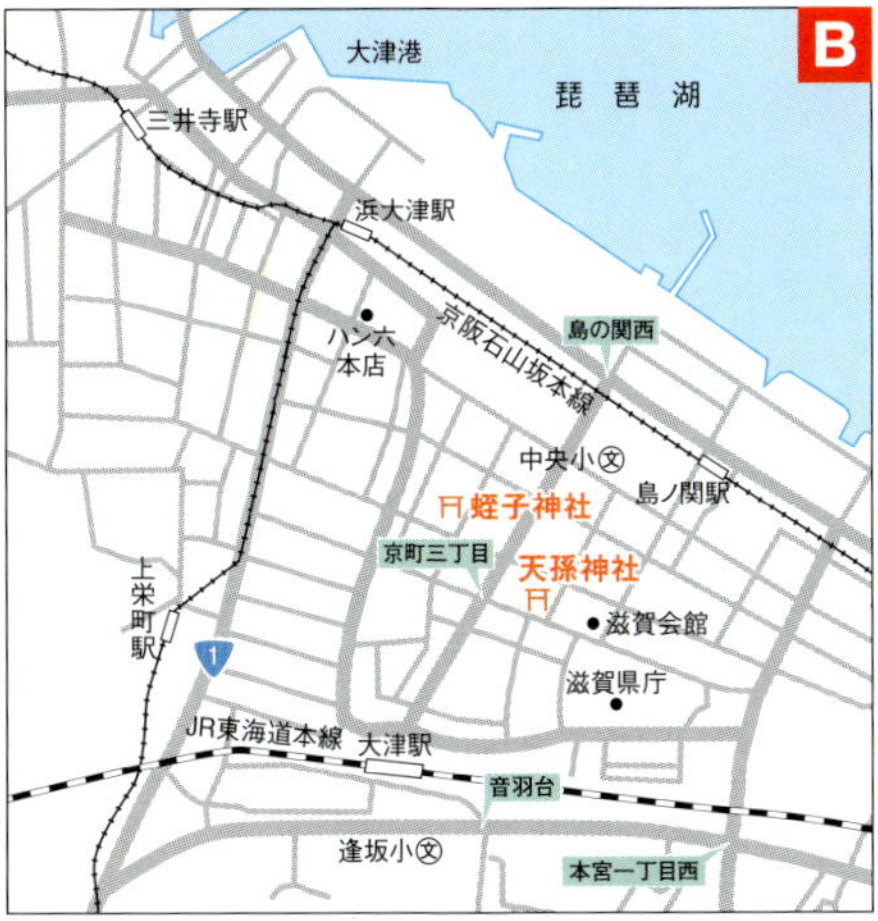
B
大津港
琵琶湖
三井寺駅
浜大津駅
ハンケ六本店
京阪石山坂本線
島の関西
中央小
島ノ関駅
蛭子神社
京町三丁目
天孫神社
滋賀会館
上栄町駅
1
滋賀県庁
JR東海道本線
大津駅
音羽台
逢坂小
本宮一丁目西

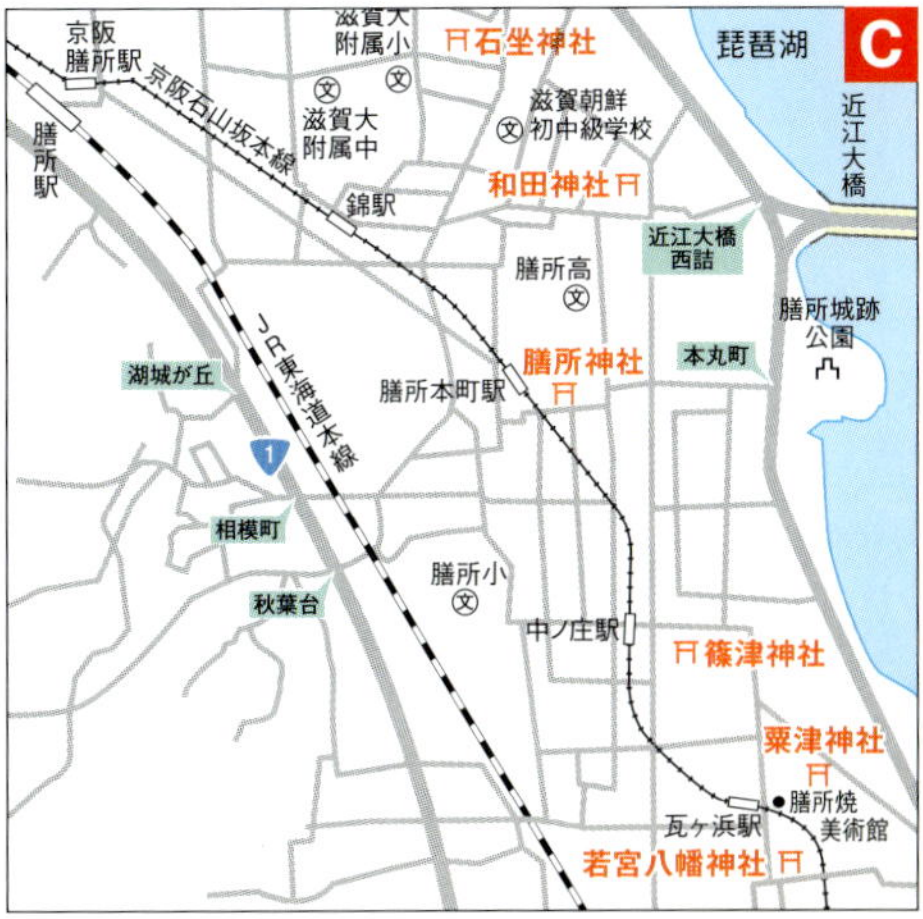
C
京阪膳所駅
滋賀大附属小
石坐神社
琵琶湖
京阪石山坂本線
滋賀大附属中
滋賀朝鮮初中級学校
近江大橋
膳所駅
錦駅
和田神社
近江大橋西詰
膳所高
膳所城跡公園
湖城が丘
膳所神社
本丸町
JR東海道本線
膳所本町駅
1
相模町
膳所小
秋葉台
中ノ庄駅
篠津神社
粟津神社
瓦ケ浜駅
膳所焼美術館
若宮八幡神社

大宮川
大林院
大正寺
戒光院
弘法寺
禅定院
大慈院
慈光院
真蔵院
華蔵院
樹下橋
坂本本町
郵便局
大宮川
無量院
行泉院
乗實院
護因神社
宵宮場（大政所）
律院本堂
市立坂本幼稚園
蓮華院
産屋神社
鼠社
薬樹院
生源寺
実蔵坊
坂本市民センター
恵光院
律院
寿量院
金臺院
二の鳥居
坂本四丁目
坂本六丁目
日吉馬場
坂本観光案内所
日吉茶園
金蔵院
妙行院
円教院
延暦寺学園比叡山中学校
佛乗院
坂本駅
星光院
瑞応院
雙厳院
滋賀院門跡
福成神社
権現川
玉蓮院
龍珠院
恵日院
慈眼堂
京阪石山坂本線
叡山文庫
榊宮社
宝積院
華王院
世尊寺
吉祥院
理性院
龍王院
千手院
大覚寺
至浜大津

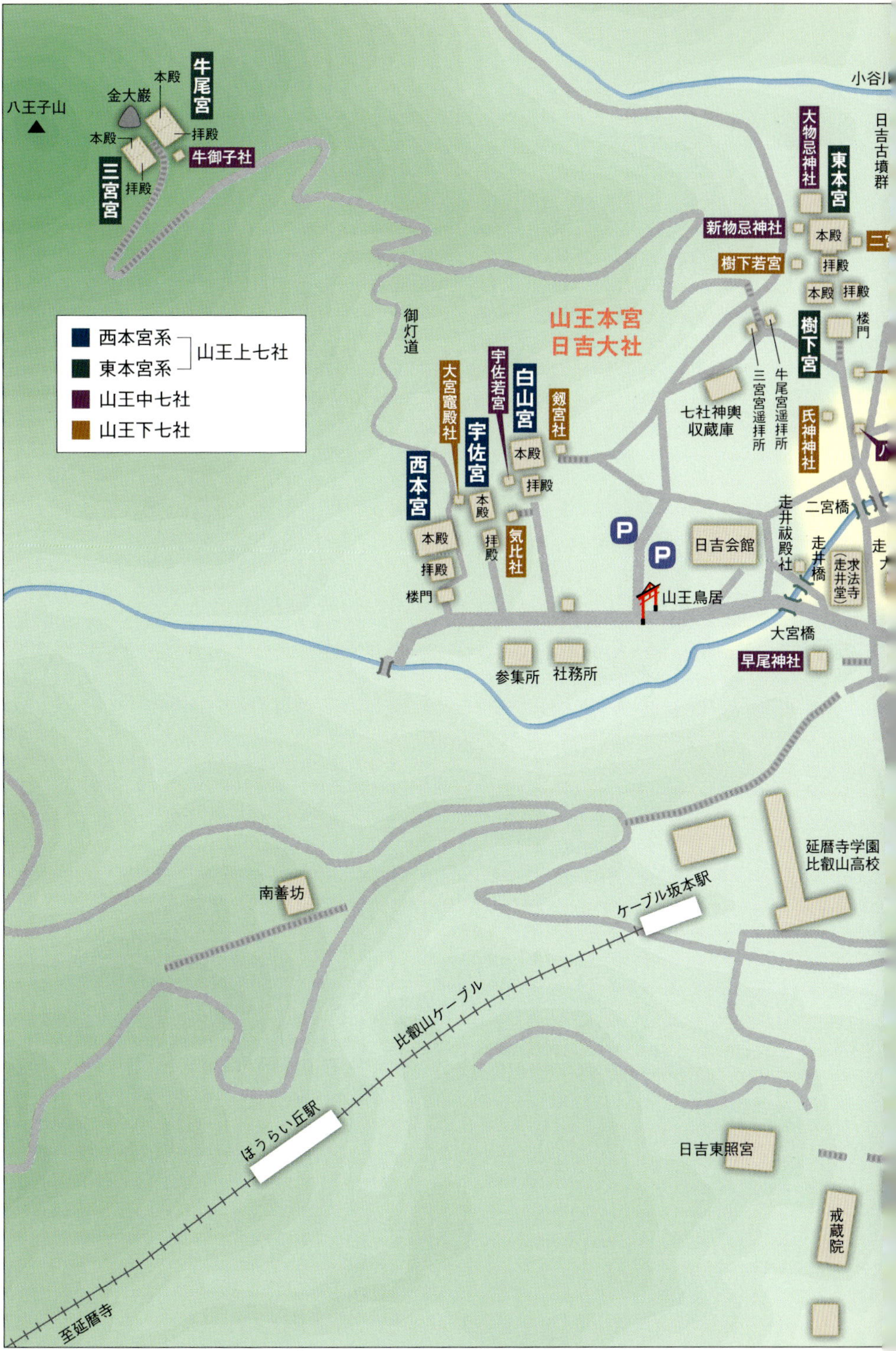
山王本宮
日吉大社
西本宮系
東本宮系
山王上七社
山王中七社
山王下七社
八王子山
金大巌
本殿
牛尾宮
拝殿
牛御子社
三宮宮
御灯道
大宮竈殿社
宇佐若宮
白山宮
宇佐宮
剱宮社
西本宮
気比社
楼門
参集所
社務所
山王鳥居
日吉会館
七社神輿収蔵庫
三宮宮遥拝所
牛尾宮遥拝所
樹下宮
氏神神社
大物忌神社
東本宮
新物忌神社
樹下若宮
走井祓殿社
二宮橋
走井橋
求法寺（走井堂）
大宮橋
早尾神社
小谷川
日吉古墳群
延暦寺学園
比叡山高校
ケーブル坂本駅
比叡山ケーブル
ほうらい丘駅
南善坊
日吉東照宮
戒蔵院
至延暦寺

●本書掲載の写真は、平成十六年から平成二十一年の間に撮影したものの中から適宜選択したものです。一つの神事の中でも、撮影年の異なる写真を組み合わせて構成している場合があります。

●本文に出てくる祭礼に関する用語で、長めの解説が必要と思われるものには初出時に*をつけ、巻末の祭礼用語ミニ辞典［122〜123ページ］で説明しています。

●地元での表記と読みにしたがい、「午ノ神事」のみ、「の」を片仮名に、「神事」に「じんじ」と振り仮名を振っています。

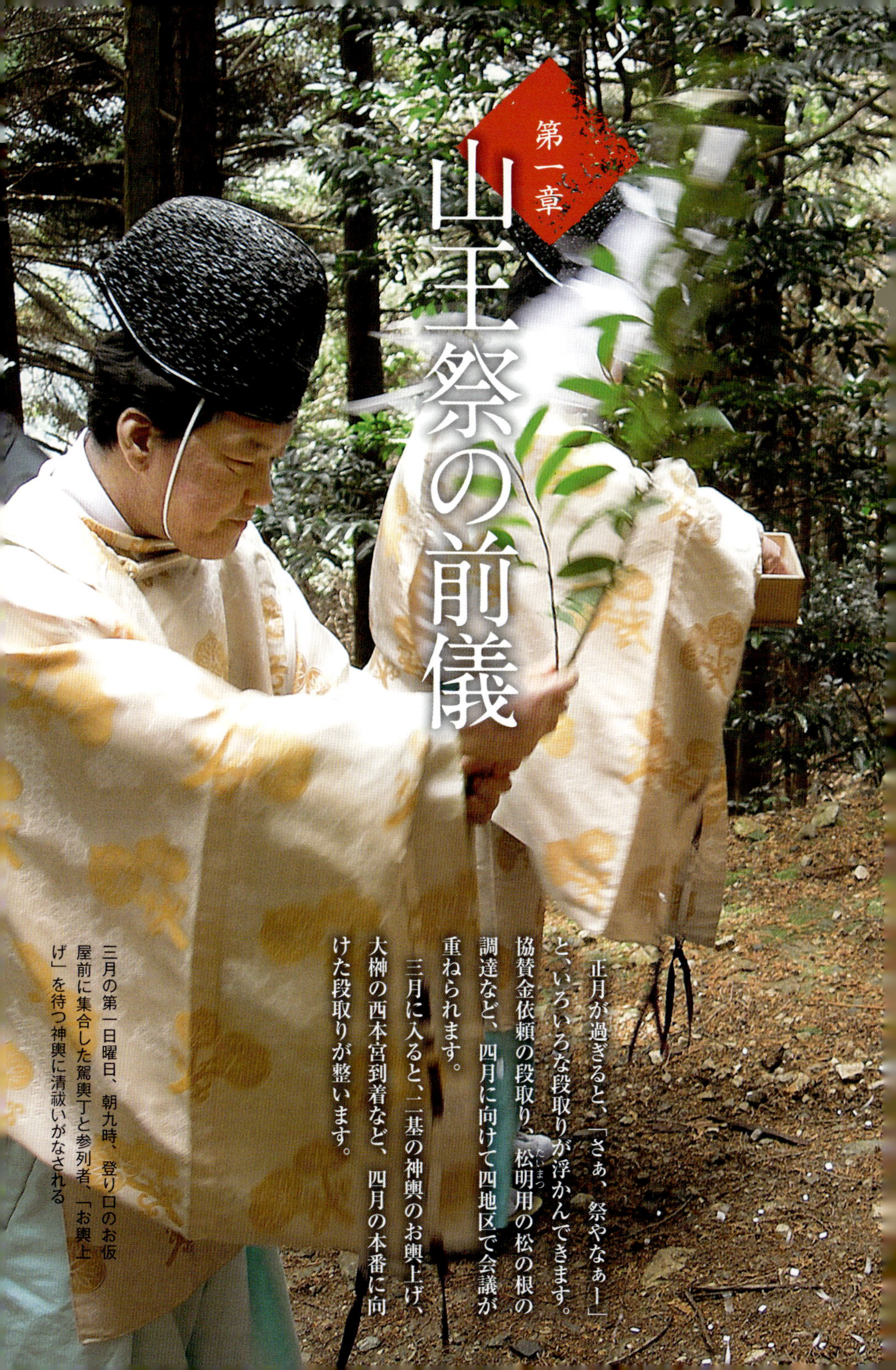

第一章

山王祭の前儀

正月が過ぎると、「さぁ、祭やなぁー」と、いろいろな段取りが浮かんできます。協賛金依頼の段取り、松明《たいまつ》用の松の根の調達など、四月に向けて四地区で会議が重ねられます。

三月に入ると、二基の神輿のお輿上げ、大榊の西本宮到着など、四月の本番に向けた段取りが整います。

三月の第一日曜日、朝九時、登り口のお仮屋前に集合した駕輿丁と参列者、「お輿上げ」を待つ神輿に清祓いがなされる

⬆蕨手と担ぎ棒の間に赤の鈴縄を張り渡す、山王祭の第一番の準備作業（牛尾宮の神輿庫）

鈴縄巻き

二月の最終日曜日

鈴縄巻きとは山王祭の行事の中心となる神輿《みこし》*の屋根の四隅から担《かつ》ぎ棒にはり渡された赤い縄をはじめ、担ぎ手の肩・手がすべらないよう荒縄を巻き、持手を取り付けます。二ヵ月前の山王祭の取り掛かりの準備作業です。

当日朝の九時、日吉大社境内の八王子山の登り口に、四地区の駕輿丁《かよちょう》*と役員が集合します。四地区とは、下阪本・中部・広芝・至誠《しせい》のことで、山王祭はすべて、四地区が順番で平等に分担して運営されています。山王祭では、行事、場所、諸役によって衣装が決められていますが、この日は準備作業のため作業衣スタイルで自由です。駕輿丁たちは一年振りの再会に顔をほころばせながら、互いに「もうすぐ祭やなー」「すぐやでー」と声を掛け合います。みんな山王祭が大好きで、日に日に近づくに従ってわくわくしだす連中ばかりです。損得でいえば、得することなどありません。こんなしんどい、危険ですらある祭は、そうはないはずです。にもかかわらず（であるからこそ）、血が騒ぎ、やめられなくなるのが山王祭です。

この日は、登り口にある奥宮二基の神輿の収納庫（「お仮屋《かりや》」と呼ばれる）で鈴縄を巻く作業です。具体的には神輿の蕨手《わらびて》*と轅《ながえ》*（「黒棒《くろぼう》」と呼ばれる）に赤い縄をぐるぐる巻きにするもので、要所に鈴を取りつけます。祭り前の第一の準備作業です。残り

⬆➡八王子山を登る神輿。刺す竹で押し上げ、綱を引き奥宮をめざす（３月の第一日曜日）。写真は、屋根が八角形なことが特徴の牛尾宮の神輿

の五基の神輿も点検します。

お輿《こし》上げ　三月の第一日曜日

昔は三月一日でしたが、近年変更されました。先の鈴縄巻きをおえた二基の神輿をいよいよ山上へ担ぎ上げます。朝九時、登り口のお仮屋前に集合、神輿と駕輿丁、参列者に清祓《きよはら》いがなされます。準備が整えられ、十時、本年の実行委員長が拍子木《ひょうしぎ》の合図で出発、徒歩なら二十分の道のりですが、約一時間かかります。

八王子山のほぼ山頂付近、磐座《いわくら》*である金大巌《こがねのおおいわ》をはさんで、向かって右が牛尾宮、左が三宮宮で、どちらも急峻《きゅうしゅん》な岩盤の上に社殿が建っています。京都の清水寺《きよみずでら》などと同じ懸造《かけづくり》と呼ばれる工法を用い、桃山時代の末に作られたもので、重要文化財に指定されています。

神輿が到着する頃には、すでに二社の拝殿の窓は開けられ、最後のひときわ厳しい石段をあえぎながら担ぎ上げて納めます。この日から二社の神輿は、四月十二日夜に行われる午ノ神事で担ぎ降ろされるまで、一カ月余りの間、山上に安置されるのです。牛尾宮が男神、三宮宮が女神なので、山上での「お見合い」とされています。

なお、お輿上げが三月一日になったのは明治九年（一八七六）からです。それ以前の日程については、貞享《じょうきょう》五年（一六八八）

⬆石段をはさんで、右が牛尾宮、左が三宮。最後の石段をロープで引っ張りあげる

➡拝殿に運び込まれる三宮の神輿

⬅無事に本殿内に納められた神輿。このまま四月十二日までの一カ月余り安置される

⬆三月一日から毎日、奥宮へ灯明油を足しにいくのは若い神職の務め。昔ながらの御灯道を登る

⬆➡奥宮に設けられた灯明台（20ページ上写真参照）、毎夜坂本の人々はこれを拝みながら祭の近いことを実感する

『日吉山王祭礼新記』に、次のとおり記されています。

二月二の申の日、八王子、三宮両神輿仮屋本社拝殿へ奉移置之、八王子駕輿丁者、西谷、無動寺、飯室谷公人、三宮駕輿丁者、北谷、東谷、西塔北尾、公人等旧例而勤公人等、旧例而勤公人等旧例而勤横川谷之両宮仕相従参着本社、是云年之祭礼始也

古くは、延暦寺の三塔十六谷《さんとうじゅうろくだに》の組織分担によって、山王神輿が動かされていたことがわかります。明治九年以降は太陽暦によって、お輿上げは三月一日に固定しました。

お灯明上げ

三月一日～四月十二日

三月一日から八王子山に二つの光がともります。先に述べたように昔はお輿上げが三月一日だった名残で、今でもこの日から四月十二日の午ノ神事までの約一カ月半、毎日奥宮にはお灯明が上がります。夜、八王子山の二つの灯火を仰いで、坂本の住民は山王祭が近づいていることを実感するのです。

お神輿が奥宮におられる間は灯明を欠かさない慣わしです。現在は第一日曜日にお神輿が上がるのにかかわらず、昔どおり一日からお灯明がともされるのです。菜種《なたね》油を絶やさないように、神主さんたちは雨や雪の日でも毎日八王子山に登ります。これも大事なお勤めです。

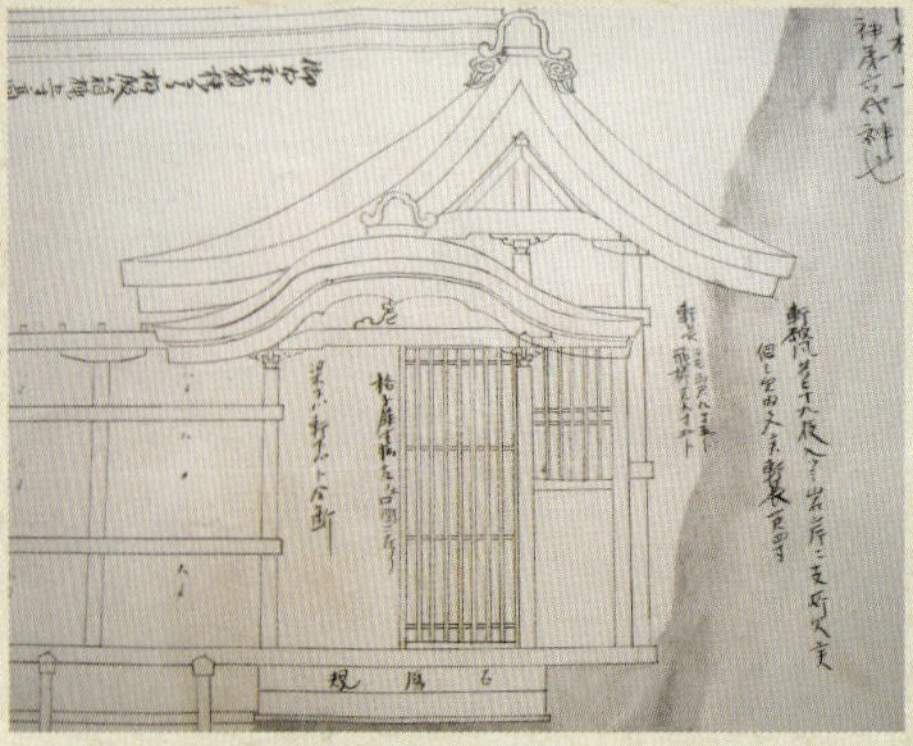

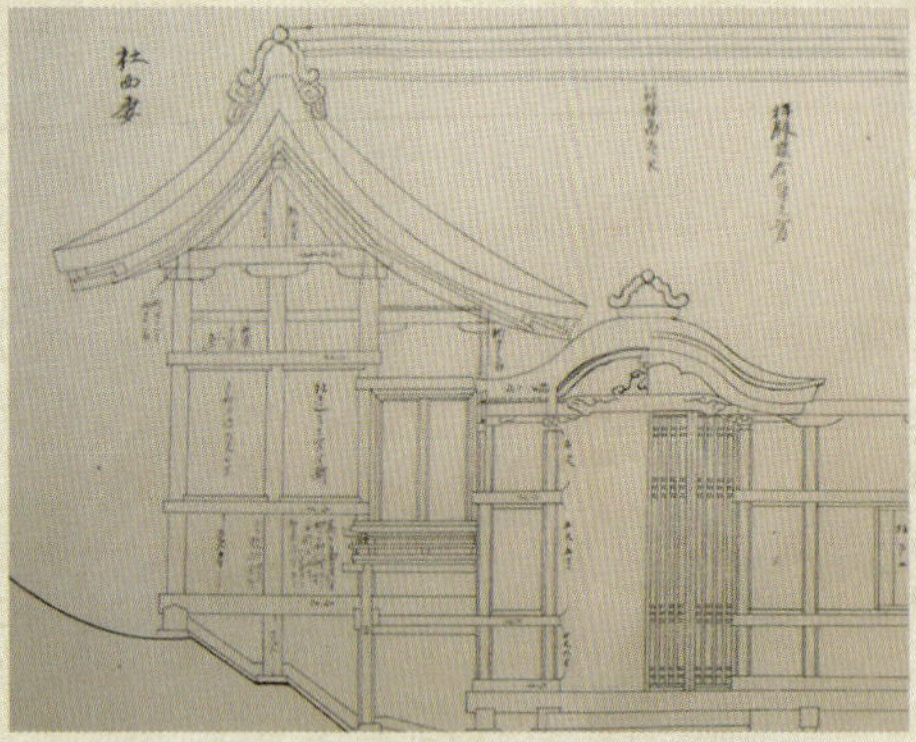

『日吉山王社建築図巻』(木下博司氏蔵)　石段を登った位置から見た[左]三宮神社、[右]牛尾神社の側面
寛延2年(1749)の奥書があり、その後、明治36年(1903)と大正2年(1913)に書写されている

山王祭メモ

拡張された三宮《さんのみや》神社拝殿の扉

山上に二つ並んで建つ牛尾・三宮二社の拝殿は、地理的な制約から、ともに手前の拝殿（懸造）が後方の本殿（三間社流造）を取り込んで一体化した変わった構造をしています。二つは、中央の石段をはさんで左右対称に同じ形をしているわけではありません。

内側についた入口は、牛尾神社では後方本殿の屋根が終わった位置に設けられていますが、三宮神社の方は本殿の妻面をぶち破るような格好で作られています。斜面の地理的な制約からそうせざるをえなかったのです。

そのため、三宮神社では入口の扉を開けると、中に入れ子状に設けられている本殿の壁が正面にあって、行く手をさえぎります。

『摂社三宮神社実測図』(大正12年)
この図によって、三宮神社唐門(入口)が左に半間だけ拡張されたことがわかる。

地元の宮大工家に伝わった、江戸時代の『日吉山王社建築図巻』（上段写真）と、大正十二年（一九二三）に作成された『摂社三宮神社実測図』（中段写真）を見比べてみると、この入口部分が改修されたことがわかりました。左の壁を切り取って、入口の横幅を一間《けん》から一間半に拡張してあったのです。

明治四十年（一九〇七）に牛尾神社と三宮神社の二社は、国の特別保護建造物に指定されているので、それ以前のことと思われますが確かな改修時期は不明です。

この改造によって、それ以前に比べれば神輿の出し入れがかなり楽になったはずですが、実は天井からの梁《はり》も邪魔をする位置にあるため、牛尾神社の入口に比べるとまだまだ不便な構造であることには変わりありません。

現在の三宮神社唐門

⬆榊を伐り出す

⬅手斧《ちょうな》を用いて幹の先端をとがらせる。その後、枝葉を巻き込むように紅白の帯を巻く

⬆苗鹿の安本さんの持ち山で、選定された榊の前でお祓いをする。太い榊もあるが、子供たちが参加するため近年は少し細い木が選ばれる

直木《なおき》神事
真榊《まさかき》神事

三月二十七日　午前十時
〃　午後六時三十分

四月三日の大榊《おおさかき》神事に使う榊は*、大津市苗鹿《のうか》の榊山（安本陽二氏所有）から朝までに伐り出されます。枝ぶりのよい榊が選ばれると、神職が祓詞《はらいことば》を上げてから、斧で切り倒し、根元を三角錐に切り落とします。行われることは「榊切り」ですが、「切る」、「伐る」といった言葉は縁起が悪い忌《い》み言葉とされるため、「直す」と言い換えます。『日吉古式祭記』（昭和十八年編。以下『古式祭記』）にも「大榊直木」とあって榊を「直す」という言葉が使われています。忌み言葉の例として、伊勢神宮の場合、「血」を「汗」、「墓」を「土塊《つちくれ》」というそうです。

「直された」榊は、この日の夕刻まで那波加荒魂《なはかあらみたま》神社の神前に安置されます。午後六時三十分、那波加荒魂神社で出発の祓詞が奏上され、列を組んで、大榊は地面にふれないように担がれて坂本の広芝まで進みます。これを真榊神事といいます。

なお、『比叡山山上山下図屛風《さんじょうさんげずびょうぶ》』（滋賀院蔵）や『山門巡拝絵巻』（千種正裕氏蔵）にも飯室《いむろ》道の奈良坂あたりに「榊是有」と書かれており、当時も山麓から伐り出す慣わしだったことがわかります。ところが、明治時代にこの神事は、いったん途絶えました。いきなり四月三日の大榊神事から山王祭が開始されたのです。

山王祭メモ

最澄《さいちょう》の俗名にちなんだ地名

榊がまず安置される「広芝」の地は、織田信長による比叡山焼き討ち以前からある地名で、さまざまな絵図や絵巻に出てきますが、地元の伝承では延暦寺の開祖・最澄の俗名三津首広《みつのおびとひろ》野《の》にちなむとされています。最澄は広芝で生まれ育ったともいわれ、昔は子供に土地の名前をつける場合があったそうですが、広野と広芝では一致しません。何か伝承の根拠となる資料はないかと探したところ、延暦寺の僧侶の手になる絵巻（村上忠禧氏蔵）が見つかりました。

その絵巻には山上山下の堂社がくわしく描かれています。その中に、ずばり「榊掛ノ松　広野ニ有」という文字が松の絵とともにありました。やはり、地元の昔からの話として描かれていたのです。この絵巻の書かれた年代は享保《きょうほう》年間（一七一七～三九年）のものです。

［上］「廣芝」の地に置かれた「山王榊」／［下］「奈良坂／榊是有」（ともに『山上山下巡拝絵巻』）

それが平成元年（一九八九）、ほぼ百年ぶりに復活して現在に至っています。苗鹿の榊山の持ち主である安本陽二さんは、「昔から榊山に大榊を取りにきていた」と祖父から聞かされたといい、「こんなうれしいことはありません」とおっしゃっていました。

『日吉山王祭礼新記』には「三月二十七、八日頃、山門山内何処大榊立木有所直木　伐榊直云　飯室道広芝松迄出置也、同月晦日早旦於広芝備神酒於榊、然榊調進當番宮仕祝言」と書かれています。

また、日吉大社所蔵の『山王祭礼絵巻』の写本は、直木神事の三月二十七日から四月十五日の酉《とり》の神事まで、山王祭の神事をもれなく描いた全長二二メートルにおよぶ絵巻です。ここには、広芝で行われる「おいで神事」は描かれていません。おそらく明治以降、大津市苗鹿の榊山では大榊を伐らず、日吉大社の境内で伐り、四月三日の大榊神事からの神事ごとが始まったのでしょう。

真榊神事とおいで神事のことは『古式祭記』に、

古例ハ三月二十七八日頃、比叡山内近郷ニ於テ伐採シ、廣芝ニ置キ、同晦日早旦社殿ニ進メシム

と書かれています。

江戸後期に描かれた祭礼絵図などには広芝の場面が描かれています。このあとには四月三日の大榊神事から始まり、日吉大

幹の先端を尖らせ、枝葉を巻き込むように紅白の帯を巻いて完成した大榊が子供たちによって運ばれて行く

←行列の先頭で童子がたたく太鼓

社蔵の『山王祭礼絵巻』（以下『祭礼絵巻』）と同じでした。

おいで神事

三月三十日　午後七時

夕刻、広芝には篝火《かがりび》が焚かれ、二股《ふたまた》の松に大榊が置かれ、「おいで神事」の始まりです。先の二つの神事と同じく明治以降一端途絶えましたが、近年復活しました。神降ろしの声が響き渡り、荘厳に神職の祝詞《のりと》*が奏上されます。つづいて大榊出御《しゅつぎょ》の声で、行列は日吉大社・西本宮まで進みます。神降ろしのあと、列を組んで進みますが、この時、大榊は地面を引きずっていきます。引きずられる大榊が発する音はあたかも「神」が歩いている音のようです。ただ、大榊は西本宮の神が宿るものであるのに、なぜ広芝で神降ろしをするのか、その点は疑問です。

また、行列の先頭に歩く童子がたたく太鼓の音がたいへん変わっています。これは、太鼓の皮が破けているためですが、地味ながら聞き覚えのない音が耳に残ります。道中では迎え火を焚いてお迎えします。到着すると西本宮本殿右脇の榊置き石の上に大榊が置かれ、この日の行事は終わります。

描かれたおいで神事

昔の古文書などには、おいで神事の出発の前に大榊を囲んで酒を酌み交わす風景や、直木神事で斧を用いて大榊を倒すようすなどが描かれています。昔の行列道は苗鹿から西に向かい、

広芝に立つ二股の松の
間に大榊を立て掛け、
おいで神事が行われる

➡松明をかざす中、４月３日の「大榊神事」の舞台となる西本宮に到着した大榊

⬇西本宮本殿横の榊置き石の上に置かれた大榊

牛尾宮と三宮の提灯が入口に下げられた日吉会館で、駕輿丁たちの最終打ち合わせを行う肩組。昔は紛糾《ふんきゅう》して夜の12時を回ることもあった

現在の今千野《いまちの》（旧下野）から飯室を通り奈良坂を経て広芝までの道順だったようです。

また、筆者が所蔵する絵図を見ると、手に持たれた高さ二メートル余りの榊には、紙垂《しで》*と天狗の面がつけてあります。足は裸足です。この絵図は真榊神事を描き、『近江名所図会《ずえ》』には、「三月二十七、八日ころ、山門内の何処か大榊立木のある所にしてこれを直し（伐り）、飯室廣道の芝松まで出し置くなり」と書かれています。

そもそも「おいで」とは、四月三日の大榊神事の時、四宮《しのみや》神社（天孫《てんそん》神社）の榊迎えの神人《じにん》たちが西本宮から四宮神社へ神《しん》幸《こう》*したことをいいます。

午《うま》ノ神《じん》事《じ》肩組《かたぐみ》

四月二日午後七時　日吉会館

肩組とは、四地区の駕輿丁の人たちが日吉会館に集まり、神輿をどう担ぐか、祭をどう運営するかなどの実務的な最終打ち合わせする会合です。床の間には、必ず日吉山王曼荼羅《まんだら》*を下げ、神社側から三方《さんぼう》*にお供えが用意されます。日吉山王曼荼羅とは、日吉の上七社である西本宮・東本宮・宇佐《うさ》宮・牛尾宮・白山《しらやま》宮・樹下《じゅげ》宮・三宮《さんのみや》宮、これに大物忌《おおものいみ》（大行事）神社、早尾神社の二社を加えた九神を描いたものです。山王の神々の照覧の下にものごとが決められるのです。

初めに各関係者の挨拶や注意事項があり、このあと牛尾宮と

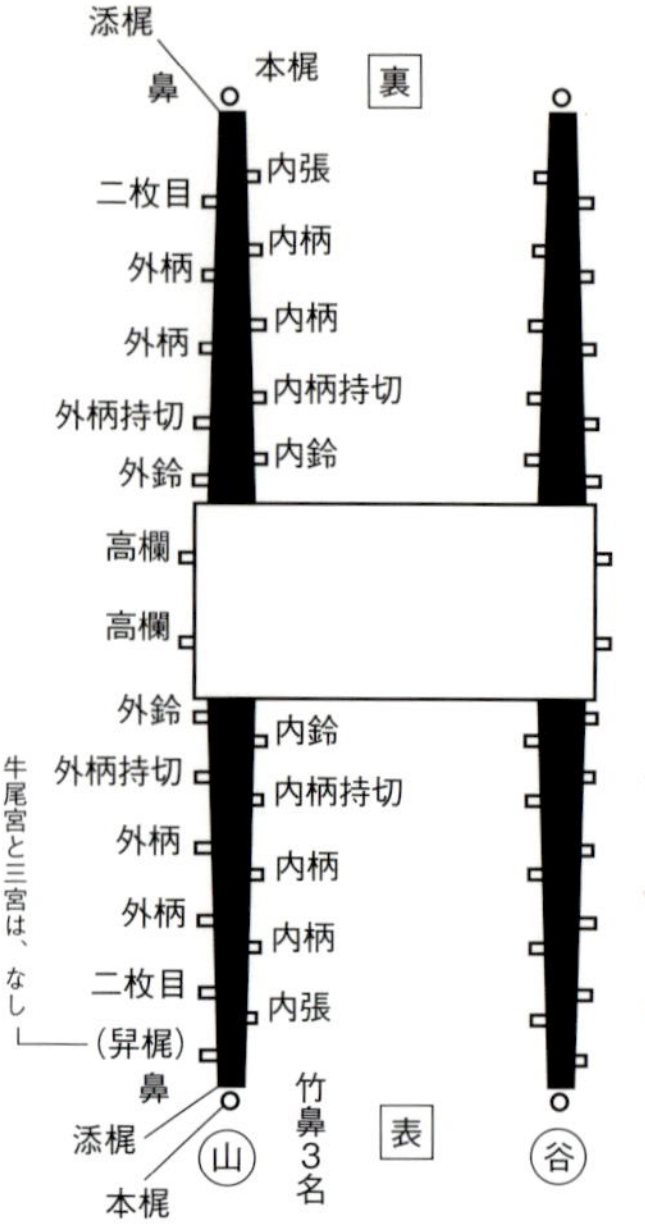

神輿を担ぐ各位置の名称

⬆肩組で、午ノ神事と宵宮の「鼻」に決まった者は、順次実行委員長から受け取った御幣を手に、駕輿丁全員に挨拶して協力を求める

⬅御幣。持ち帰った鼻の人は、4月12日、13日まで「鼻松明」の前に置いて、御神酒を供える

三宮宮両神輿に分かれ、今年担ぐ場所が山と谷のどちらかを決めます。現在はじゃんけんで決めています。

昔の駕輿丁たちは、肩に一五尺の竹を乗せて肩合わせをしました。神輿の担ぎ手は肩がそろえないと、高い方に負担がかかるのです。低い方はいるだけということになり、坂道やカーブを曲がるときバランスを失って事故の元となります。そのため肩合わせは欠かせません。一の肩、二の肩と組を作りますが、なかなか肩が合わず、夜を撤して肩合わせをしました。担ぎ手として一軒から必ず一人は出なければならず、この時ばかりは出稼ぎの人も急いで帰ってきました。

今は、今年の担ぐ場所が山と谷のどちらかだけを決めます。奥宮の階《きざはし》（石段）を下から見て、左を「山側」、右を「谷側」といい、担ぐ場所が谷側になった場合、つねに転落の危険がともなうからです。決まれば「手を打って、くれい」と声をかけ柏手を打ちます。まず「ヨオ」の掛け声のあと二拍手、そして三拍手、もう一拍手で丸く納まります。

また、午ノ神事と宵宮《よみや》*で大松明や神輿の先頭を務める「鼻《はな》」と呼ばれる役も決められ、名前が書かれた御幣《ごへい》*を手渡されます。その後、車社会の現在は、あとはお茶を飲みながら雑談で夜がふけていきます。最初に述べた床の間の日吉山王曼荼羅の掛け軸は、一月二十五日に行われる初顔合わせ（初寄り）の時にも掛けられます。

⬆床の間に祀られた日吉山王曼荼羅。日吉・上七社の神、その下位に中七社のうち大行事と早尾の神が描かれている

日吉山王曼荼羅の二つの形

大宮以外の配置は異なる場合もある。

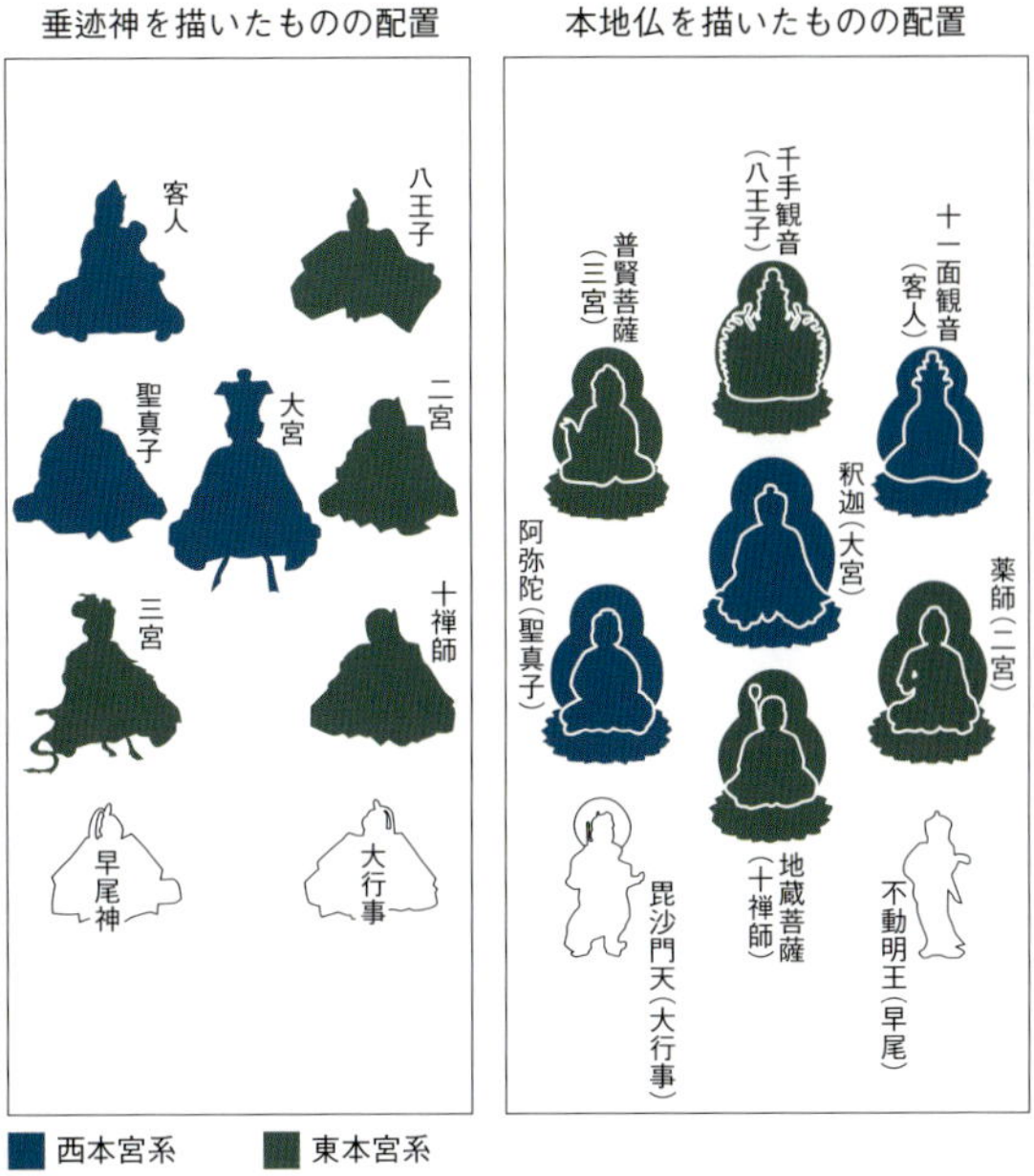

各家庭でも祀られる日吉山王曼荼羅《まんだら》

この日吉山王曼荼羅は、坂本と下阪本の町内家庭の床の間にも掛けられます。長期にわたる祭が何事もなく無事に終わるようにとの願いからです。

京都の祇園祭や滋賀県の大津祭や日野祭など、山鉾《やまほこ》や曳山《ひきやま》が町内を巡行する地域では、「宵宮飾り」といって、座敷にとっておきの屏風を飾り、来客や道行く人々にも披露する習慣があります。これが坂本の場合は、曼荼羅であり、兜・鎧なのです。

日吉山王曼荼羅は、中央に西本宮（大宮）の祭神、その周囲に東本宮（二宮）以下の祭神、最下段に早尾神と大行事を配したものが一般的で、同様の形を本地仏《ほんじぶつ》で表す例もあります。

⬇床の間に日吉山王曼荼羅を、その横に甲冑を飾るのが、坂本の「宵宮飾り」

日吉大社上七社本殿と神輿

山王祭の神事の舞台となる「日吉大社上七社」の建築物はすべて信長の焼き討ち後、桃山時代の再建で、東西本宮の本殿が国宝、拝殿と楼門《ろうもん》が重要文化財、以下五つの摂社《せっしゃ》*の本殿と拝殿がすべて重要文化財に指定されています。

それぞれ一基ずつの神輿は、七基まとめて「日吉山王金銅装神《こんどうそうしん》輿《よ》」として重要文化財に指定されており、神輿庫に保存されています。現在、山王祭で使用している神輿は、古い神輿の錺《かざり》金具類の修理を行った酒井神仏具店（現・さかい、野洲市）が製作して、昭和四十八年（一九七三）に新調されたものでかなり軽量化されています。

東本宮

東本宮本殿（桃山時代、国宝、日吉造）

［祭神］大山咋神《おおやまくいのかみ》
［旧称］二宮（小比叡《おびえ》）
［本地仏］薬師如来

東本宮神輿（重文）

西本宮

西本宮本殿（桃山時代、国宝、日吉造）

［祭神］大己貴神《おおなむちのかみ》
［旧称］大宮（大比叡《おおびえ》）
［本地仏］釈迦如来《しゃかにょらい》

西本宮神輿（重文）

屋根飾り文様

摂社 宇佐宮

宇佐宮本殿（桃山時代、重文、日吉造）

［祭神］田心姫命《たごりひめのかみ》
［旧称］聖真子《しょうしんし》
［本地仏］阿弥陀《あみだ》如来

宇佐宮神輿（重文）

摂社 牛尾神社

牛尾神社本殿及び拝殿（桃山時代、重文、本殿：三間社流造、拝殿：懸造）

［祭神］大山咋神荒魂《おおやまくいのかみのあらみたま》
［旧称］八王子《はちおうじ》
［本地仏］千手観音

牛尾神輿（重文）
7基のうち、これのみ八角形。

摂社 白山姫神社

白山姫神社本殿（桃山時代、重文、三間社流造）

［祭神］菊理姫神《くくりひめのかみ》
［旧称］客人《まろうど》
［本地仏］十一面観音

白山姫神輿（重文）

摂社 三宮神社

三宮神社本殿及び拝殿（桃山時代、重文、本殿：三間社流造、拝殿：懸造）

［祭神］鴨玉依姫神荒魂《かもたまよりひめのかみのあらみたま》
［旧称］三宮
［本地仏］普賢《ふげん》菩薩または大日如来

三宮神輿（重文）

摂社 樹下神社

樹下神社本殿（桃山時代、重文、三間社流造）

［祭神］鴨玉依姫神《かもたまよりひめのかみ》
［旧称］十禅師《じゅうぜんじ》
［本地仏］地蔵菩薩《ぼさつ》

樹下神輿（重文）

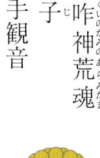

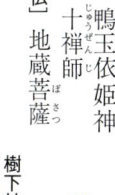

大宮橋（桃山時代、重文）

走井橋（桃山時代、重文）

二宮橋（桃山時代、重文）

日吉大社鳥居（昭和15年築、県指定文化財）

日吉東照宮（江戸時代、重文、権現造）

日吉三橋

境内を流れる大宮川に架かる三つの石橋は、天正年間（一五七三～九二）に豊臣秀吉が寄進したと伝わりますが、寛文九年（一六六九）に木橋から石橋になったとする説もあります。重要文化財に指定。

上流側の西本宮（大宮）の参道に架かるものが大宮橋、すぐ下流の「走井《はしりい》」の泉の近くが「走井橋」、その東、東本宮（二宮）の参道に架かるのが「二宮橋」です。

日吉大社鳥居

大宮橋を渡り、西本宮へ向かう参道の中ほどに建っている木造の鳥居。笠木《かさぎ》の上に合掌形《がっしょうがた》の飾りをつけた「山王鳥居」あるいは「惣合《そうごう》鳥居」と呼ばれる独特の形をしています。

日吉東照宮

日吉大社境内の南、権現《ごんげん》川を渡ったところの丘には、元和《げんな》九年（一六二三）、徳川家康を祭神として勧請された日吉東照宮があります。現在の社殿は、寛永十一年（一六三四）築。極彩色《ごくさいしき》の豪華な社殿は、日光東照宮や北野天満宮にみられる、拝殿と本殿を一体化し、その間に「石の間《ま》」を設けた権現造《づくり》と呼ばれる構造です。

明治以後、日吉大社末社《まっしゃ》となり、本殿・石の間・拝殿、唐門《からもん》、透塀《すきべい》は重要文化財に指定されています。

この下に、家康の信任を得て、延暦寺と日吉社の復興に尽くした天海《てんかい》僧正（慈眼大師《じげんだいし》）の御廟《ごびょう》、慈眼堂があります。

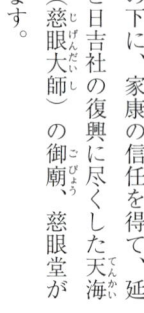

第二章

神々の出現

四月十三日夜、宵宮場《よみやば》前につめかけた人々。山王祭のクライマックスの一つを見るため、大勢の観客が取り囲み、固唾《かたず》を飲んでその時を待つ

二カ月にわたる準備作業を終え、いよいよ山王祭の本番です。西本宮系の大榊神事、山から神輿二基を担ぎおろす午ノ神事、東本宮系四基の神輿を揺すり、突き落とす宵宮《よみや》落しを経て、七社神輿が西本宮拝殿に勢ぞろいします。

荒々しい神事の合間に、愛らしい稚児が日吉馬場を進む花渡り式、京都から調進される未の御供の献納祭などが行われます。

大榊神事で、大榊・鉾を背に祝詞を奏上する宮司。ヒモロギ祭祀の古式を伝える

鉾の先に早尾と大行事の絵像を掛ける

西本宮拝殿で行われる「乾盃の儀」

大榊《おおさかき》神事

四月三日　午後七時

この神事は西本宮から始まります。すでに西本宮の脇には台石の上に、大榊と鉾《ほこ》*が置かれています。今日の神事の中心となる大榊には白い小さなたくさんの紙垂《しで》がつけられ、鉾の先は三《さん》叉《さ》で、根元には神社で毎年描き改められた早尾《はやお》と大行事《だいぎょうじ》権現（ともに山王二十一社の一つ）の絵が下げられています。本殿前の案《あん》*上には、行列に使われる破れ太鼓も置かれています。大榊の紙垂、鉾の二枚の絵像、これらはいずれも神様がお宿りになる神聖なものなのです。

やがて神職が入り、宮司は大床《おおゆか》（本殿の縁《えん》）へ、二人の神職が浜床《はまゆか》（神社の向拝《こうはい》の階段下にある床）の両側に立ち、稚児が拝殿に上がります。ついで、坂本の榊宮社の氏子役員が並びます。

神職が本殿から御神酒《おみき》をのせた三方を捧げ拝殿に進み、まず神職に御神酒が三献《さんこん》*、肴《さかな》のスルメと昆布がすすめられます。「乾盃《かんぱい》の儀」です。つづいて榊宮社の稚児が同じく三献を受けます。

まず本殿右下に正座していた神職が立ち上がり「お松明ー」と叫びます。松明は、静かに左回り（反時計回り）で本殿を回ります。続いて「大榊まわせー」と叫ぶと、拝殿脇の人たちが「オゥ」とこれに応え、松明に先導されて大榊が本殿を左回りで一周して本殿前に至り、大榊と幸鉾が交差させて置かれます。

鳥居をくぐり、日吉大社を出御する大榊

大榊の葉には、安産などの御利益があるとされる

松明の明かりのなか宮司が祝詞を奏上し、鈴が鳴らされます。ついで神職が「大榊出御《しゅつぎょ》！」と叫びます。提灯を先頭に鉾と大榊、稚児、榊宮《さかきのみや》社役員、神職、駕輿丁、それに地元自治会役員の順で出発です。日吉馬場を下り、「日吉そば」の角を作り道へ、庄ノ辻から松の馬場を下り、両社ノ辻から右に取り唐崎神社の前を通り、一路大津へと向かいます。

大津市中央二丁目にある蛭子《えびす》神社近くで、天孫神社の総代・役員が出迎えます。祝詞奏上のあと、目的地の県庁前の天孫神社に着きます。境内にはたくさんの氏子・町民が待ち受け、ただちに大榊と鉾を拝殿に安置し、天孫神社滋賀宮司の奉仕によるお祭がおごそかに行われます。

このあと、参集殿で和やかに直会《なおらい》*のもてなしを受け、大榊神事は終わります。

大津天孫《てんそん》神社と大榊

大榊神事の稚児について、『古式祭記』では「天孫神社（四宮）と平野神社の童子が参勤」と書かれています。現在は坂本の榊宮社氏子の子弟から選ぶ形で、それも子供が減ったため親戚の子を頼んだりするようになっています。

榊迎えは戦後に復活しましたが、その場所は下阪本の志津《しづ》若宮神社、尾花川《おばながわ》町と変わり、現在は大津のハン六《ろく》本店前で行われています。

天孫神社に到着した大榊

［上］天孫神社役員による「神迎え」
［下］蛭子神社へのお立寄

天孫神社拝殿に安置された大榊

那波加荒魂神社《なはかあらみたま》

国道161号が大正寺《たいしょうじ》川を越える場所の南西、大津市苗鹿《のうか》一丁目にある那波加荒魂神社は、集落内の道をはさんで東側にある那波加神社の末社にあたる小さな神社です。しかし、地元では今も那波加荒魂神社を「上の宮」、那波加神社を「下の宮」と呼ぶように、本来は逆の関係にあったようです。

祭神天太玉命《あめのふとたまのみこと》の農事をどこからともなく現れた鹿が稲の苗を背負って手伝った故事が、社名と地名の由来とされます。本殿裏に霊石があります。

那波加荒魂神社本殿前に安置された大榊

古くから延暦寺との関係があり、円仁《えんにん》が横川《よかわ》中堂を建立した際、苗鹿明神が内陣柱を奉加した例にならい、仁安《にんあん》四年（一一六九）に焼失した横川中堂の再建の際には、苗鹿の林から切り出した木が内陣の柱に用いられています。

蛭子《えびす》神社

大津駅前の中央大通りの一つ西、大津別院裏の通りで民家にはさまれて鎮座する小さな神社が蛭子神社です。倒れた榊《さかきの》宮《みや》社（大津市坂本）の神木から作った神像を祀ったのが始まりと伝わります。

祭神は社名のとおり、蛭子尊《えびすのみこと》です。

天孫《てんそん》神社

大津駅前の中央大通りの、蛭子神社とは反対の東側、滋賀県庁に向かう通りに面して天孫神社はあります。延暦年間（七八二～八〇六）、桓武《かんむ》天皇が近江大津《おおつの》宮《みや》跡に行幸した際、創建されたと伝わります。祭神は、彦火火出見尊《ひこほほでみのみこと》、日吉大社西本宮と同じ大己貴尊《おおなむちのみこと》など計四柱です。

江戸時代までの名称である「四宮《しのみや》神社」が、現在も別称として用いられています。毎年十月にある例祭「大津祭」は、一三基の曳山《ひきやま》が巡行し、日吉山王祭、長浜曳山祭とともに湖国三大祭に数えられます。

大宮川にかかる日吉三橋の一つ、走井橋の下で行われる禊。近年の新しい行事である

なお、大榊の葉にはご利益があるとされます。結婚する人や妊婦のお腹をさすり、そのあと神棚に祀ると、安産と健康な赤ちゃんに恵まれるというものです。そのため以前は、天孫神社から四月十四日に日吉大社へ再び戻って来た時、葉っぱが一枚も残っていなかったそうです。

貞享五年（一六八八）の『日吉山王祭礼新記』をみても、榊迎えの渡御《とぎょ》の時、道筋の家々が庭火《にわび》（神事の庭に焚《た》く篝火《かがりび》）を焚いて大榊を送る光景は、今と変わらないものだったようです。

禊《みそぎ》　四月十二日　午前八時

四月十二日午前八時、社務所裏を流れる大宮川において、宮司以下神職たちが山王祭の無事故を願って禊《みそぎ》を行います。春とはいえ、比叡の雪解け水の中に入るのです。まず、走井《はしりい》の祓殿《はらえどの》社《しゃ》の前で準備体操をして川の中に入りますが、すぐに身体全体が赤くなり、唇も紫色になります。震えながら、「祓戸《はらえど》の大神（祓を行う場所に祀られた神）、祓戸の大神…」と唱えながら身を清めます。

以前は宮司以下神職だけでしたが、平成元年（一九八九）から駕輿丁の人々も加わってともに禊を行うようになりました。また、平成十九年（二〇〇七）から『近江名所図会』の画にならって、走井橋の下で行うようになりました。

大宮川の横にある行者堂は、奈良県の大峰山《おおみねさん》の行者（坂本の

走井橋のたもと、祓殿社の前で行われる清祓いをうける神職、山王祭の役員たち

大峰講）がお参りするお堂で、行く前と帰って来た時の二回、大宮川に入り禊を行う姿が見られます。いわゆる「精進《しょうじん》落とし」で、今も続く神仏同様の行事です。

清祓《きよはら》い

四月十二日　午前十時

この日はいよいよ八王子山から神輿が下りる「午《うま》ノ神事《じんじ》」が行われます。神事の名前となっている「午」とは、山王祭の中心神事が、旧暦で日付に六十干支《ろくじっかんし》*（干支《えと》）をあてていた時代に、午・未《ひつじ》・申《さる》・酉《とり》の四日間に行われたことに由来します。例祭から船渡御《ふなとぎょ》までが二の申の日（その月で二回目にめぐってきた申の日）、その前二日と後一日の形です。これが明治時代に、四月十二〜十五日に固定されました。

午前十時、日吉大社のお祓い場である走井《はしりい》橋のたもとの祓殿《はらえどの》社へ、駕輿丁の役員と若者約一五〇人が集合します。浄衣《じょうえ》*姿の宮司以下神職がお祓をお勤めします。厳粛な雰囲気に包まれた中、晴れやかな面持ちの実行委員長をはじめとする役員、駕輿丁が鮮やかな襷《たすき》掛けの出で立ちで勢ぞろいです。

まず神職が大祓詞を奏上。大麻《おおぬさ》*で全員を祓い、さらに切麻《きりぬさ》*で自祓《じばらい》、包み袋と大麻を走井橋の上から大宮川へ流します。

『日吉御祭礼之次第』によると、「各自が走井の水で浄めて登山した」とあり、『近江名所図会』には、走井橋の下で川に入り身を清めている図があります。

←↑山王祭の期間、町内各地に立つ注連竹。左下が宵宮場

山王祭メモ

駕輿丁《かよちょう》の襷《たすき》の色分け

山王祭の駕輿丁には運営上の序列があり、襷の色で区分されます。下から赤、黄、白、紫、金銀、金の七区分です。これとは別に赤白のものがあり、これは町の有力者用です。それぞれの色を使用するのは、赤白が自治会長、赤は駕輿丁の指導係、赤黄紫黒金は本部事務局長、駕輿丁の手配と連絡・対外交渉役。

松明持ちをへて神輿の担ぎ手、それから赤襷をもらい、次々と上がって、最終的に金の実行委員長になるのが、私たち駕輿丁の子供の頃からの夢なのです。

役職による襷の色分け

金緑	実行委員会長（前年度実行委員長）
金	実行委員長
金銀	副委員長
金紫	勘定奉行
紫	駕輿丁の元締めと対外折衝係
白	駕輿丁のまとめ役
黄	神輿の担ぎ手と赤に対する指示係
赤	駕輿丁の連絡係
赤白	自治会長など町の有力者

注連竹《しめたけ》を立てる

明治以前は、午ノ神事が行われる日の朝に、鳥居跡の七カ所へ竹二本を立てて注連《しめ》縄を張りました。今でも四月に入ると、二宮橋北、止観院《しかんいん》前馬場《ばんば》通り、宵宮場《よみやば》（大政所《おおまんどころ》）、大鳥居跡（今の大神門）、比叡辻若宮前、両社《りょうじゃ》の辻、唐崎鳥居跡の七カ所に立てています。

ただし、大鳥居跡は、現在は鳥居が建っているので竹は立てません。

鼻役を先頭に火をつけた鼻松明を担ぎ、読み上げ場まで町内を練り歩く

まず駕輿丁が、鼻松明の立てかけられた鼻役宅に集合する

午《うま》ノ神事《じんじ》

四月十二日　午後七時

朝から走井の祓殿社前で清祓いをすませた駕輿丁の人々は、夕刻になると三々五々、「午ノ神事」の鼻《はな》（担ぎ棒の先端役）に出る家に集まります。この家の前には、鼻松明《たいまつ》が立てられています。家の中で振る舞い酒などをいただいたのち、松明の前に置いてある御幣《ごへい》を床の間に置いて、「午ノ神事が無事に終わりますように」とお願いをします。同じく前に置いてある紅白の襷《たすき》を肩に掛けて、家族や親戚、友人らの見送りを受け、鼻松明を担いで町内まわりに出発します。

町内を回る途中で、必ず氏神様にお参りをします。そして、集合場所である宮本に着きます。宮本には、日が落ちたころ甲《かっ》冑《ちゅう》を着けた人が集まり、すぐに読み上げ場へと出発していくのを見送ります。

その後一行は、鼻の人を先頭に赤々と燃える鼻松明と鼻の人を手松明で照らし、伊勢音頭の日吉崩しを歌いながら、もう一方の駕輿丁と落ち合う所まで進みます。

双方の駕輿丁が落ち合うと、二人の鼻の人を照らしながら鼻松明も一段と燃え上がります。数が倍になった一行が読み上げ場へと練り歩き始めるその時、生源寺《しょうげんじ》の一番鐘が坂本の里に響き渡り、一番の着届けがすんだことを知らせます。

読み上げ場となっている生源寺の本堂前に近づくと、一行は

生源寺の本堂前で、駕輿丁たちは八王子山へ登る前に「読上げ」（点呼）を受ける

鼻松明が生源寺に次々到着

早足になり、鼻の人を先頭にした二列の形で、雛壇に並んだ甲冑の人たちが扇《おうぎ》を振るなか場入りします。

読み手から、「谷と山に別れてください」と指示が飛びます。谷の表の鼻と山の表の鼻の二人を先頭に二列に並び、続いて松明も並び終えると、読み手は「谷の表の鼻が〇〇町の□□□□」と名前を読み上げていきます。谷の表の鼻の人から一一人を読み上げ、ついで山の表の鼻と続き同じく一一人を読み上げます。

続けて、谷の後鼻と山の後鼻も同人数分の名前が読み上げられ、本梶《ほんかじ》四人、添《そえ》梶四人の最後の山の後の添梶の名前が大きな声で読み上げられると、一斉に八王子山を目指して駆け出して行きます。すぐに後の二駕輿丁の一組の名前も読み上げられ、一斉に八王子山をめざして駆け出して行きます。

四駕輿丁が八王子山の奥宮に着き、甲冑の人たちが御神酒をいただいて奥宮での儀式の集《つど》（復習の意）をする頃、生源寺の二番鐘が鳴って、儀式が始まったことを知らせます。復習が終わり、八王子山へと進みます。二の鳥居から約五〇メートルの場所にある、下の材の印である置き石から八王子山へ松明による合図を送り、奥宮へ向かっていることを知らせます。

夜の祭り、午ノ神事

午ノ神事は神輿が二基なので、四駕輿丁が二駕輿丁を一組として、一基ずつ担ぎ、委員長当番の駕輿丁の組は一番に着届け

山王祭メモ

対岸から見つめる人々

八王子山から麓まで二基の神輿を担ぎ降ろす「午ノ神事」。聞くところによれば、琵琶湖の対岸の草津市支那《しな》・下笠《しもがさ》・山田の人々は、この光景をはるかに遥拝《ようはい》しているそうです。

松明の明かりが山から里に下る。もし火の線が途切れることなく里に消えると、今年は米や畑の作物が豊作だと住民は喜ぶ。なぜなら火の線が途切れず降りて来る姿は、あたかも山から龍＝水神が降りて来る姿であり、今年は水の心配をしなくてもよいというのです。

反対に、松明の火の線が途切れ途切れだと、今年の水は少なく不作の心配をする。対岸の人々は、毎年松明が無事に里に降りることを祈りながら見つめているというのです。ありがたい話だと思います。

⬆生源寺の鐘を合図に、駕輿丁たちが次々と出発していく

⬅鈴振り。鈴が鳴るまで神輿は動かない。前年度の勘定奉行「会計係」が鈴振り役で、一人しか役が当たらない晴れ舞台

をします。委員長当番の組が牛尾宮の神輿を担ぎ、残りの二駕輿丁の一組は三宮宮の神輿を担ぐことになります。

清祓いのすんだ駕輿丁たちは、すぐに奥宮へ登り、神輿を担ぎやすくするために黒棒に「かえ縄」をくくりつけます。その際、松明や縄、さす竹も決められた所に配置して下山します。

読み上げのあと駆けあがった奥宮から、日吉馬場を歩く甲冑の松明を振る合図の火を見て、奥宮に向かっていることを確認して駕輿丁たちに伝えると、ほどなく待機場に到着して鈴振りを先頭に石段を駆け上がります。金大巌《こがねのおおいわ》、次に牛尾・三宮と拝礼。

そして、牛尾宮に向いて鈴振りが鈴を振ります。すると、まず牛尾宮の神輿が拝殿から担がれて出御します。出御と同時に今年の鼻に選ばれた担ぎ手の若者が肩車をされ、両手に持った紅白の縄を高々とかかげた格好のまま、奥宮の石段をゆっくりと下ります。

少し時間をおいて三宮宮は、手持ちで拝殿から出御します。拝殿を出たところで神輿を担ぎ、鼻に選ばれた担ぎ手の若者がやはり肩車をされ、両手に持った紅白の縄をかかげながら、奥宮の石段をゆっくりと下ります。

牛尾宮神輿の前を照らす高張提灯《たかはりちょうちん》*は、東本宮拝殿に納まるまで灯りを消しません。高張提灯は二つですが、進行方向の右側の三宮宮の高張は大岩辺りで消されます。なぜ片方だけ消すのか、「女神だから恥ずかしがるので消す」ともいいますが、はっ

奥宮を出発した牛尾神輿[上]と三宮神輿[下]。同輩の肩に乗った鼻役が、雄々しく両手を広げ、急な石段を下る

急峻な七折半の坂道を下り、麓に着いた三宮神輿。湧き上がる歓声の中、
ここが最後の見せどころ。あとは東本宮へ駆け込むだけだ

きりした理由はわかりません。

八王子山を下る両神輿は七曲がりの山道をゆっくりと進み、仮屋の階《きざはし》（石段）まで来ると観客と駕輿丁が一体となって祭も最高潮に達します。神と里人とが出会う瞬間です。

午ノ神事は二基の神輿なので四駕輿丁が二駕輿丁を一組として、一基ずつ担ぎます。鼻の人数は、四駕輿丁で四人。つまり、ハレの役はなかなか回ってきません。

二つの神輿はただちに東本宮拝殿に担ぎこまれ、一転して静《せい》寂《じゃく》の世界になります。篝火の燃える中、牛尾神輿に神饌《しんせん》*を供える儀式が静かに執り行われます。宮司による祝詞奉幣のあと、御幣は、神職から役員へ次々に手渡され、本殿の下殿に下げられます。この御幣も安産に効き目があるといわれ、昔から女性たちがほしがったものです。こうして午ノ神事は終わります。

午ノ神事は神様の結婚式？

この神事にはおもしろい話があります。前述の一連の儀式が、神輿を使った男女の神様の結婚式だというのです。本当かどうなのかを探る前にいちおう記録を洗ってみます。

「官幣大社《かんぺいたいしゃ》日吉神社大年表」の貞享《じょうきょう》元年（一六八四）の記録には、「四月二十二日午ノ神事、二十三日夜宮、二十四日御祭、二十五日酉ノ神事」と書かれ、その流れは今も変わらないようです。また、『祭礼新記』でも「午ノ神事には両宮より神輿を

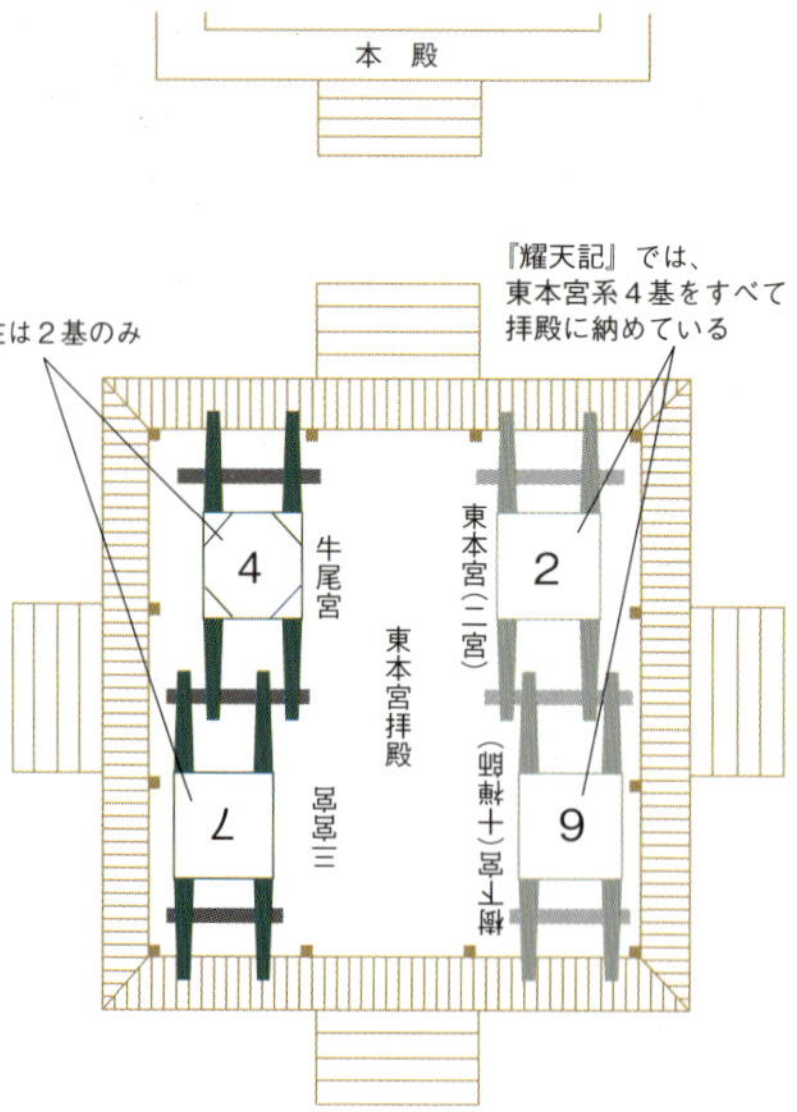

午ノ神事での東本宮拝殿内の神輿の配置

『日吉山王祭礼絵巻』より「午日両社神幸図」
［上］八王子山を下る八王子・三宮の両神輿
［下］東本宮拝殿に並んだ２基の神輿

昇出し、まず八王子（牛尾宮）、ついで三宮」とあり、二基の神輿が八王子坂を下り二宮拝殿に神幸《しんこう》、渡御とあっていずれも変わりません。

さて、東本宮拝殿で神輿を安置する場所について、鎌倉時代に書かれた日吉社の神道書『耀天記《ようてんき》』では、午の日、八王子・三宮が二宮拝殿に渡御し、四基の神輿が拝殿に納まる位置を次のように示しています。

二宮　ウシトラ（丑寅、北東）
十禅師　タツミ（辰巳、南東）
八王子　イヌイ（戌亥、北西）
三宮　ヒツジサル（未申、南西）

つまり、現在の午ノ神事のように二基が東本宮拝殿に納まるのとは違い、後の宵宮場《よみやば》と同様の四基の神輿があったことになります［上図参照］。この状態であれば、「結婚式」という解釈は成り立ちません。いったい、いつから変わったのでしょうか。

原本は江戸時代に描かれた『日吉山王祭礼絵巻』になると、東本宮拝殿には牛尾宮と三宮の二基がイヌ（北西）・ヒツジ（南西）に納まっています。『日吉社年中行事社司中分大概《たいがい》』（正徳元年・一七一一・日吉大社蔵）も同様で、この文政五年（一八二二）以降の午ノ神事はいずれも現在の神事と同じで、東本宮と樹下《じゅげ》宮の二基は描かれていません。

現在、二社の神輿は三宮が楼門《ろうもん》*（南）を向き、八王子宮（牛

➡［上］東本宮拝殿に並べられた牛尾・三宮神輿の前で祝詞をよむ
［下］引き続き御幣を手にした宮司は、左・右・左ふり奉幣の作法を行う。この御幣は子授けにご利益があると珍重される

⬇下段に下げられた御幣を手に入れた者は、背中にさせば、もう奪われることはない

尾宮）は本殿（北）を向いています。互いに後向き、すなわち「尻つなぎ」と称しますが、なぜこのような形なのでしょうか。この形から、「神さまの結婚」という性的な解釈の俗説が生まれたようです。

ちなみに、二基の神輿を納めるのに、現在は本殿側から神輿を入れ、その配置は牛尾宮が北西に直し、三宮が南西となっています。元禄頃に書かれたとされる『日吉山王権現知新記』では、本来は楼門から正面の急な階段を担ぎ上げて拝殿に納め、八王子（牛尾）宮は北西で三宮は向きを南西に直しています。

二基の神輿は拝殿に納まり、宮司による祝詞・奉幣のあと、御幣が神職から順に手渡しで回されます。受けるとき手に持ち捧げて一礼、甲冑へと続き、本殿の右下の下殿に下げます。式が終われば、御幣は持ち帰ってよいことになっています。

これには決まりがあって、終わり次第、下殿前に行き、御幣を誰よりも早く取り、首筋から背中に差せば誰も取ることはできません。御幣を手に入れた人は、家に持ち帰って神棚か床の間に置きます。御幣の長さは約三〇センチ。安産にご利益のあるたった一本の値打ちものです。こういう所からも神さまの結婚式というのでしょう。

駕輿丁たちは、このあと、それぞれ鼻を務めた家に集まり、無事大役を終えた喜びの中で直会《なおらい》を開きます。今日の午ノ神事のようすを肴《さかな》に、夜遅くまで飲み明かすのです。

⬆［右］お輿出し。西本宮脇の神輿庫から拝殿へ運ばれる
［左］宇佐宮神輿のお出まし。肩の重さも何のその、ヨォイコラー、ヨォイコラー

⬅西本宮拝殿に安置された西本宮系３基の神輿。左から白山・西本宮・宇佐

神輿出し神事
神輿入れ神事

四月十三日　午前九時
〃　　　　　午前十時

十三日の午前九時、西本宮系の宇佐、白山、それぞれの西本宮の神輿庫前に駕輿丁が集まり、神職によるお祓いを受けて、西本宮拝殿に三基の神輿を並べます。これが「神輿出し神事」です。

引き続き、十時から今度は東本宮拝殿から宵宮場（大政所、宿院）への「神輿入れ神事」が行われます。まず、東本宮神輿を拝殿の石段下へ北向きに置きます。昨晩、奥宮から下ろした牛尾宮を拝殿西側へ南向きに置きます。樹下宮神輿も庫から出し、同本殿の木階の三段目に轅《ながえ》を掛けます。三宮は拝殿東側へ北向きにそれぞれ置きます。神輿の方向はそれぞれ、神様の出御する順番を守るための配置になっています。

四社神輿の配置が終わると、宮司以下神職、山王祭実行委員長以下駕輿丁が、行列を整えて東本宮に到着し、さっそく出発の儀式を行います。宮司は東本宮本殿、禰宜《ねぎ》*は樹下宮本殿で同時に祝詞を奏上し、読み終わると鈴を二回鳴らします。すると東本宮拝殿の南西に位置していた実行委員長が、出御の合図の扇を振り上げます。

最初に東本宮の神輿、次に牛尾宮、樹下宮、最後に三宮という順番で、宵宮場（大政所）に繰り込みます。整然と並べられ

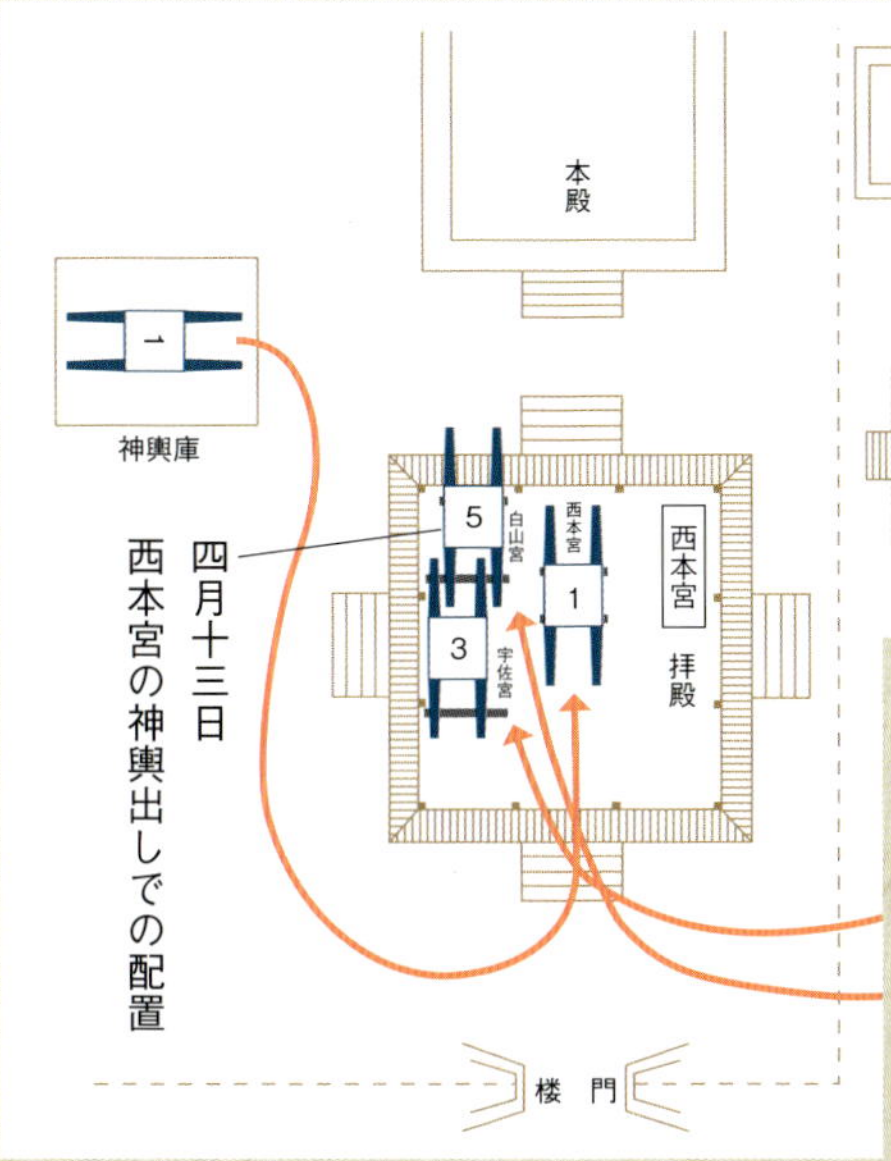

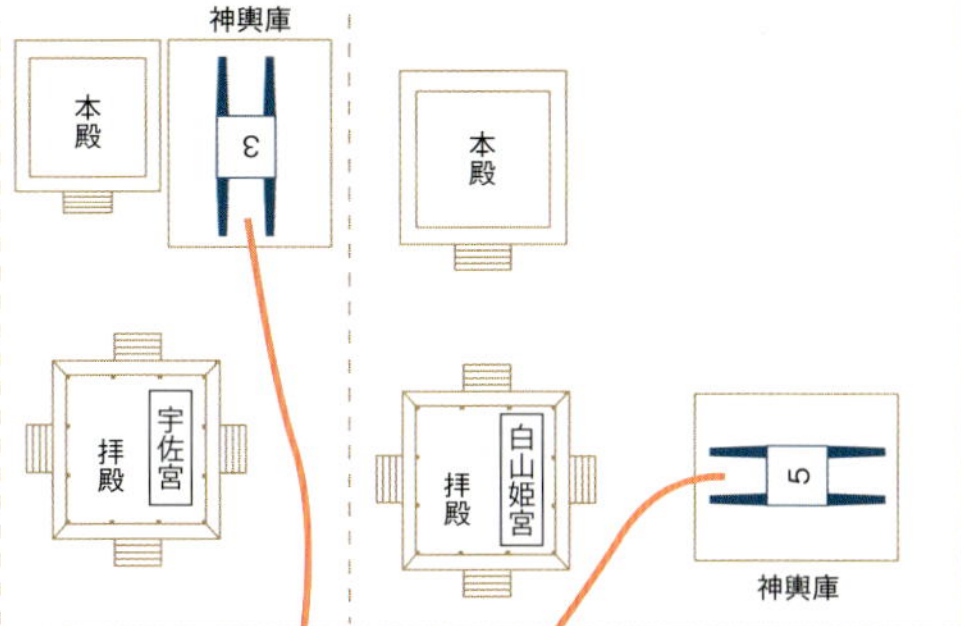

神事ごとに異なる神輿の配置

メモ

山王祭は「ミコシ祭」と称されるほど、ほとんどの場で神輿が主役の位置にあります。しかし、時間と場所によって配置と向きがまったく異なります。ここで十二日、十三日の神輿の配置を図で示します。

十三日、西本宮拝殿には、西本宮、宇佐宮、白山の神輿が納められます。西本宮神輿は中央、天井の枡目一つ前の位置で本シギと呼ぶ形、宇佐宮、白山神輿は膝シギで黒棒（轅）を乗せて本殿向きに奉安されます。

通常、複数の神輿が出る場合、鳳凰《ほうおう》*を載せているのが一番上位にあたりますが、日吉大社の七基は、西本宮に加えて樹下宮も鳳凰を載せています。

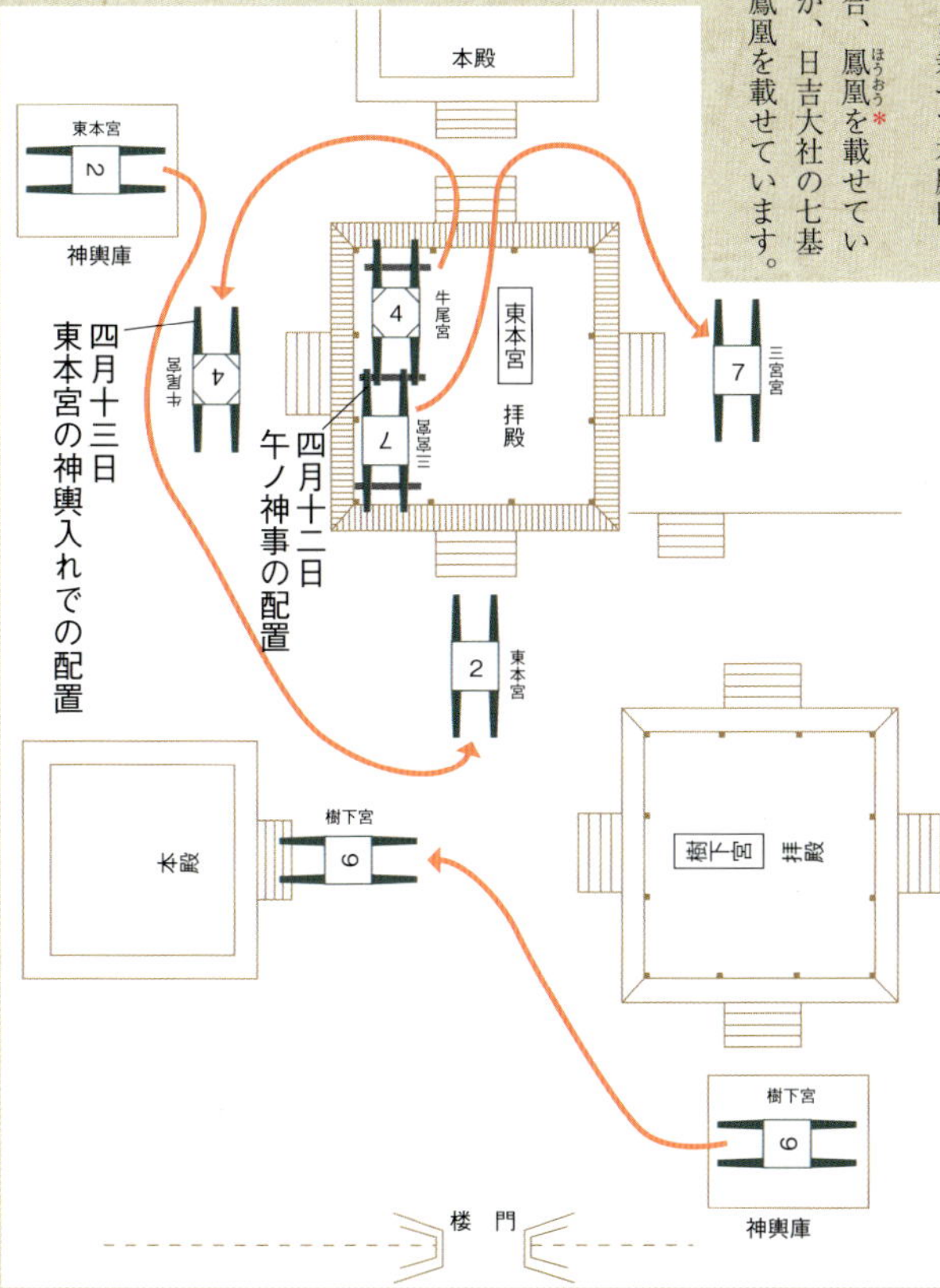

四月十三日
東本宮の神輿入れ〜
宵宮落としの配置

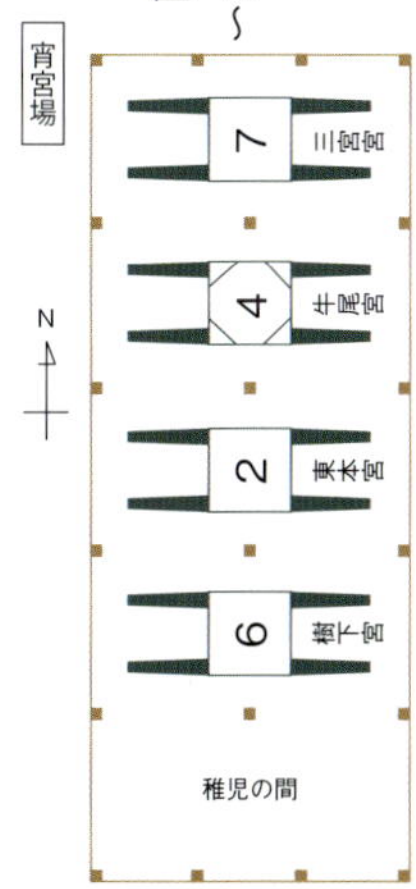

⬆お出ましを待つ樹下宮神輿。轅《ながえ》を、樹下宮本殿の木階の３段目に掛けるのが慣わしである
⬅東本宮境内で定位置に運ばれる東本宮系の神輿。この後、宵宮場へ向かう

宵宮場に向かう東本宮・牛尾・樹下の各神輿。東本宮参道を下る

➡二宮橋（重要文化財）を渡って宵宮場へ向かう。祭礼の時以外は通行が禁止されている神橋である
⬇宵宮場へ神輿を納める

宵宮場に勢ぞろいした神輿。左より三宮・牛尾宮・東本宮・樹下宮、そして右端は稚児の間

た四基の神輿は、今夕行われる宵宮《よみや》落しを待ちます。

宵宮場《よみやば》とは何か？

宵宮場は、別名「大政所《おおまんどころ》」と呼ばれ、どっしりした印象の西向きの細長い建物です。屋根は檜皮葺《ひわだぶ》き、柱間が五間《けん》に二間の大きさで、ここが十三日の神輿行事の文字どおりの舞台となります。

宵宮場は五つの部屋に分かれ、北の間から順に四つの部屋に三宮、牛尾宮、東本宮、樹下宮と、東本宮系の四基の神輿がずらりと並びます。最後に残った南の間だけが一つあくわけで、ここは「稚児の間」と呼ばれていますが由来は不明です。今晩行われる宵宮落としが一説には神の陣痛から出産までを表すとされるため、若宮誕生にちなむ命名ともいわれます。

ここから比叡山の方を振り返ると、昨晩、神輿を下ろした八王子山がすぐ間近にそびえており、この山側には摂社・産屋神社が鎮座しています。祭神は別雷神《わけいかづちのかみ》、この神こそ今晩の宵宮落としで誕生する若宮さんというわけです。

夜の宵宮落としまでのうちに、宵宮場では三つの珍しい神事が行われます。勇壮な夜の神事ばかりに目を奪われて案外知られていませんが、群集に押されることもなくじっくり見学できる儀式です。淡々と進行するこれらの神事の拝見をぜひおすすめします。

➡伝教大師（最澄）招来のお茶を運ぶ献茶本
⬅厳粛に拝殿内でお茶を点てる神職

⬆東本宮神輿に奉られた献茶。簡素な白い器に白木の天目台と決まってる。いかにも神道的だ

献茶式

四月十三日　午前十一時

宵宮場の前には、組み立て式の拝殿が設けられます。元は常設でしたが、今は祭の間だけ臨時で造られます。「献茶《けんちゃ》式」にはなくてはならない建物です。四社神輿に新茶を献上するこの神事は、おそらく山王祭で最も知られていない神事でしょう。

献茶本が運ぶ唐櫃《からびつ》*には、古風なお茶の道具、白木《しらき》の天目《てんもく》台や茶碗など一式が納められています。これを産屋《うぶや》神社（日吉中七社の一つ）の仮拝殿に運び入れ、ただちに正装した神職によってお茶がたてられます。まず東本宮神輿に、次に牛尾宮、樹下宮、最後に三宮と、四基の神輿に新茶が献上されます。祝詞が奏上されるとお茶が下げられ、最後に宮司がいただき式は終わります。

弘仁《こうにん》六年（八一六）四月、唐崎に行幸した嵯峨《さが》天皇を、お茶でもてなしたところたいへん喜ばれ、この時から神輿への献茶が始まったと伝わります。このお茶の種は、最澄が唐（中国）から種を持ち帰り植えたものと言われています。

この献茶式で用いられる新茶は、立春から数えて八十八夜の日に、京阪坂本駅のすぐ東にある日吉茶園で新芽を摘んで製茶をして献上したものです。

新茶献上に関する文献上の最も古い記録は、社務行丸の『日吉社神道秘密記』（天正十年・一五八二）の中の一節です。「大

神輿に奉られた献茶を最後に宮司が飲んで式は終わる。背後が神輿４基の並んだ宵宮場

山王祭スポット

日吉茶園

現在、京阪石坂《けいはんいしざか》線坂本駅近くにある日吉茶園はささやかな面積のものですが、最澄が唐から持ち帰った茶種を植えたことに始まる日本最古の茶園と伝わっています。

入口にはそのいわれを刻んだ大正十年（一九二一）建立の石碑が建っています。日吉大社では、毎年五月一日の午前十時から、神職と巫女《みこ》さんたちが茶葉の手摘みをします。

⬆日吉茶園での茶摘みのようす

政所宿院五間、卯月二番未ノ日神事有之、神輿御入御茶備進、京都ヨリ未ノ御供進御茶一番備進」とあり、少なくとも中世末からの神事であることがわかります。

山王祭とともに、最澄の墓所である御廟《ごびょう》（浄土院）で行われる六月四日の長講会《ちょうごうえ》にもお茶が供えられます。

花渡り式

四月十三日　午後一時

午後一時前になると、日吉馬場に続々と、かわいい甲冑姿の稚児と花（造花）、お供の人たちが集まってきます。桜と出店が立ち並ぶ参道の両脇でたくさんの人たち見守る中を、稚児たち一行は晴れがましく進みます。

本数の少ない年でも一四、五本、多い年で二〇本の花が出ます。日吉馬場が、楽しく文字どおり華やかな賑わいを見せる場面です。これにはいくつか決まりがあります。

まず行列の先頭は露払《つゆはら》い*です。羽織にぞうり履き、手に青竹を持ちます。竹の長さは丈（身長）竹で、切り口の頭を半紙で包み水引でくくり、竹の節はそのまま残したものです。

次に稚児の両側に位置する金棒曳《かなぼうひ》きは、化粧回しをつけた若者で、手にした金棒で地面を叩いて「チャリン、チャリン」と音をさせながら進みます。警護役、いわばかわいい稚児のガードマンです。実際この稚児の前を横切るのはご法度とされ、そのような者はこの金棒で叩きのめされます。地元の者は小さい

⬆自宅から日吉大社へ向かう一行
⬅親子で神職によるお祓いを受ける

⬆大きな花笠を引き、大鳥居をくぐる稚児。お供の家族、親族たちも晴れやかだ

⬅現在は、見物客の求めに応じて、ポーズもとらねばならない

宵宮場の４基の神輿の前で、一同そろい記念撮影

時から、「絶対に横切るなよ」と先輩から口酸っぱく言い聞かされました。

稚児は四、五歳の男児。出す一家にとっては、晴れ舞台です。後ろには孫を見守る祖父や親族、友人たちが続きます。ただし男だけという決まりです。

行列の順番は一番もめるもとなので、事前に抽選で決められます。つい十数年前までは事前に決まっておらず、早い者順、すなわち日吉馬場の二の鳥居前に花を置いた順だったので、早い人は朝七時頃には置きました。こうした競争は稚児を出す家族にも負担となるため、数日前に東本宮拝殿で抽選会が行われる形に変更されたのです。

一行は、坂本のメインストリートである日吉馬場の参道を、二の鳥居からお練りをしながら歩きます。観客からは、歩くだけでも可愛い稚児に対して拍手が起こり、衣装の重さに疲れたようすなどを見せれば声援が飛びます。

参道を二〇〇メートルほど歩いたところで右折し、宵宮場（大政所）に入ります。東本宮神輿に一礼、今晩若宮さんが誕生する親神さんにまず報告といったところです。近年はそのあと大政所で神楽《かぐら》の舞を受け、記念写真を撮っています。

このあと、西本宮に到着しお参りをすませると、花を解体してお供してくれた人たちへ記念に一本ずつ分けて、花渡り式は終わりです。本来、花渡り式は、宵宮場（大政所）の四社の神

⬆［上］当日の順番を決めるため、東本宮拝殿で行われるようになった抽選会
［下］花の飾り付けは、稚児の父の友人や先輩が行う

輿にお参りをしたあと、東本宮にお参りをして終わりだったはずですが、明治八年（一八七五）に東西本宮の神様を入れ替えたため（再び、昭和十七年に東西両本宮を元にもどす）、引き続き、西本宮にもお参りをしているのではないかと思われます。

花渡りの一番花がお参りを終えたあと、帰りに二ノ鳥居（出発点）の鳥居をくぐったら生源寺《しょうげんじ》の一番鐘が鳴ります。神仏習合時代からの慣わしです。明治の一時期、代わりに太鼓が打たれたこともありました。花の家に帰った稚児や親族たちは、その夜の宵宮落しが始まるまで、晴れ舞台のことを話題に直会の時を過ごします。

山王祭メモ

花渡り式の今昔

文政五年（一八二二）の『山王祭礼絵巻』が描く花渡りをみると、稚児自身が花を手で持つ形で、幼い子は父親に抱かれています。頭上の作り物は、松や二見浦《ふたみがうら》の夫婦《めおと》岩、月とうさぎなどで、甲冑姿の稚児は背中に母衣《ほろ》もつけ、まさに戦にいく格好です。

一方、江戸後期の『山王祭礼絵図』に描かれた花渡りでは、花には五月頃の生花が使われていたようです。傘の上に置いた壺が落ちないように竹編で囲い、その中に菖蒲《しょうぶ》など季節の花々を生けています。花を引く綱は五色の布で今と同じです。生花は、行事が旧暦で行われていたために可能だったわけですが、造花から、いつどういった理由で変わったのかはわかりません。

現在は、もちろんすべて造花です。傘の台の四方を飾る山形の金色は、「稚児ノ隠れ岩」を表しているといいます。花と稚児とをつなぐ五色の布は、天の神と稚児とをつなぐ一体の形を表しているのでしょう。

⬆『日吉山王祭礼絵巻』の稚児
⬅『山王祭礼絵図』の生花を用いた花渡り

未の御供が納められた大きな唐櫃が運ばれる。御供本の京都市下京区山王町の人たちが後に従う

未《ひつじ》の御《ご》供《く》献納祭

四月十三日　午後三時

昼の祭はまだまだ終わりません。引き続き珍しい「未の御供」と呼ばれる神事が始まります。

未《ひつじ》とは、神事の行われる日が卯月《うづき》（旧暦の四月）の未の日に決まっていたからです。つまり「未の御供」は本番二日目に行われるので、この名があります。

景山春樹氏はその著『神体山』で、午ノ神事で男女二つの荒魂《あらみたま》*が山を降りて和魂《にぎみたま》*となって祀られ、御旅所《おたびしょ》の「大政所《おおまんどころ》（宵宮場《よみやば》）」へ移座するのは、二座の和魂の神輿でいいはずだが、いまは四座の神輿がみなそろう形となっている。これは社殿神道が盛んになり、山宮二社と里宮二社という東本宮系四座の神殿がみな固定的なものとして成立、発展するようになってからの変化と重複だろうと推測しています。本来は、牛尾宮・三宮の神輿二基だけに対するお祝いの神饌《しんせん》だったのでしょう。

未の御供は、『古式祭記』では、京都の山王町日吉社から調進し、小比叡《おびえ》（東本宮）に献じたとあります。堀川天皇の康和《こうわ》元年（一〇九九）に始まると伝えられ、近世までに幾度も中断があり、明治になって復活しました。現在は、京都市下京区の山王町にある日吉神社の役員が奉納しています。

さらに、西本宮に対しても「八乙女《やおとめ》*」と呼ばれる巫女が献納する形で行われ、以下、順番に紹介します。

⬆［上］一行が樫の木にさしかかると篝火が焚かれる。
昔は夜行われた名残　［下］手渡される御幣と御宸翰
⬅東本宮神輿に供えられた珍しい未の御供の数々

大政所に並んだ４基の神輿に
同時に未の御供が奉られる

京都市下京区にある日吉神社は、強訴の際、神輿が放置された場所とされる

山王祭スポッ

洛中の日吉神社

京都市下京区室町通高辻上ル山王町にある日吉神社は、堀河天皇の代（平安時代後期）、強訴を行った延暦寺の僧兵たちが担いできた神輿をここにあった森に捨てて帰ったことから、そこへ社を建てたのが始まりだとされます。

祭神は、大己貴命《おおなむちのみこと》、大山咋命《おおやまくいのみこと》、玉依姫命《たまよりひめのみこと》荒魂《あらみたま》の三神（それぞれ日吉大社西本宮、東本宮、三宮宮の祭神）。

町の名前は、日吉社にちなむ「山王町」の名が江戸時代初期の洛中絵図などに見え、大己貴命の故郷の三輪山《みわやま》にちなんででしょうか、「三輪町」とも呼ばれたとする記録もあります。周囲の町はすべて八坂神社（祇園さん）に供する中、ただ一つ明治維新まで坂本・天台座主の支配下にあったそうです。

宵宮場で東本宮系神輿4基に対して

京都市下京区室町仏光寺の日吉神社から奉納された特別の神《しん》饌《せん》が唐櫃《からひつ》に担がれ、神職とともに礼服で威儀を正した御供本が行列をなして社務所前を出発します。現在使われている唐櫃の蓋《ふた》には、幕末にあたる「慶応元丑《うし》年（一八六五）四月吉祥日」の墨書があります。宵宮道を下り、二宮橋を渡って宵宮場（大政所）に入ります。

広場の樫《かし》の木近くにさしかかると、篝火《かがりび》が点火されます。篝火は杉葉ですからすぐ消えます。何か形ばかりのように見えますが、これは昔、夕刻に行われた名残です。

宵宮場（大政所）に着くと唐櫃はカシの木の脇に置かれ、ただちに御供本が手際よくお供えを取り出し、神職に渡します。さらに手渡しで宵宮場の大政所上の四社の神輿に次々に未の御供が供えられてゆきます。最初に東本宮、次に牛尾宮、樹下宮、三宮と続きます。特に東本宮には、三方の上に色紙に立雛《たてびな》の紙人形一体、造花一本、手鏡一面、紅筆《べにふで》二本、畳紙《たとうがみ》*、鳥形《とりがた》などが載っています。三方は、白塗りに下がり藤や松を描いたとてもきれいなものです。四基全部には洗米、樹下宮のみ神酒《みき》も供えられます。祝詞奏上のあと、最後に黒漆《くろうるし》塗りの箱に入った「御宸翰《ごしんかん》」*が奉られます。これには御幣と白矢が載せられ、左、右、左と振る奉幣が行われます。

⬆西本宮本殿で位置についた八乙女に、御供本から未の御供が手渡される

西本宮への行列に八乙女が加わる

撤饌《てっせん》*が終わると、今度は神職一名がくるりと産屋《うぶや》神社に進み出て、神前に供えられた御神酒を自分でいただきます。

そのあと北向きになり、その盃《さかずき》を後ろに投げます。これは、御子の別雷神《わけいかづちのかみ》が天に帰るのを表すとされます。盃が背後の霊石に当たるように投げるのですが、なかなか当たりません。ともかく盃がパリーンと割れたらおしまい。列に戻ると、宵宮場での未の御供は終わりです。行列は再び来た道を戻り、西本宮にそのまま向かいます。

西本宮本殿に対して

宵宮場での神事を終えた行列が社務所前を通過する時、待機していた八乙女本《やおとめもと》の松田勝彦さん率いる八乙女たち（小学五〜六年生）が列に加わります。

西本宮に到着すると、神職はそのまま本殿に入り、八乙女たちは階《きざはし》（木階《もっかい》）の左右に二人ずつ並びます。八乙女本の松田さんは大床東に立ち、未の御供を御供本《ごくもと》神職から受け取り、八乙女は順次、手渡しで本殿内の神職に渡します。献饌が終わると、宮司が内陣から現れ、木階を下って浜床で鈴二声、祝詞奏上、鈴二声、奉幣、その補佐は八乙女本の松田さんが行います。

そして、撤饌《てっせん》の儀をもって未の御供献納祭は終わります。

山王スポ

生源寺《しょうげんじ》

日吉大社大鳥居（二の鳥居）のすぐ前にある生源寺は、元は最澄の父三津首浄足《みつのおびときよたり》の邸宅跡で、最澄の生誕地と伝わります。山門の横に「開山伝教大師御生誕地」の碑があり、入って右手の大木の下にある古井戸は最澄の産湯という伝承をもちます。

日吉山王祭では、本堂前の広い境内が「午ノ神事」と「宵宮落し」前の駕輿丁の集合場所になるほか、進行上の合図を鐘突堂の鐘で知らせることになっています。これは、中世の神輿を用いた強訴以来の伝統です。

日吉山王祭で突かれる生源寺の鐘

	一番鐘	二番鐘	三番鐘
4月12日 午ノ神事	牛尾宮・三宮宮の駕輿丁が一番早く受付に来た時	式の開始時	
4月13日	花渡りが終わり、宮からの帰途、石の鳥居を下った時	宵宮で東本宮系4神輿の駕輿丁が、一番早く受付に来た時	式の開始時
4月14日	拝殿出し・御幸で7神輿の駕輿丁が、一番早く受付に来た時	式の開始時	

メモ

御供本《ごくもと》と差符《さしふ》

今も比喩的に「人身御供《ひとみごくう》」という言葉が使われることがありますが、御供《ごく（ごくう）》は、神仏へお供えする物のことで、坂本ではその奉仕者を「御供本」と言います。日吉社が御供本に対して、祭礼に出仕せよと命じる命令書が「差符」で、差符が届けば、各御供本は祭礼日に合わせて準備をし、必ず出仕してきました。

今も日吉大社では、山王祭の各神事の神饌調達やその参勤者に差符を発行しています。奉書に筆書きされた文書で、毎年四月一日、二日頃に七カ所の各御供本に渡されました。

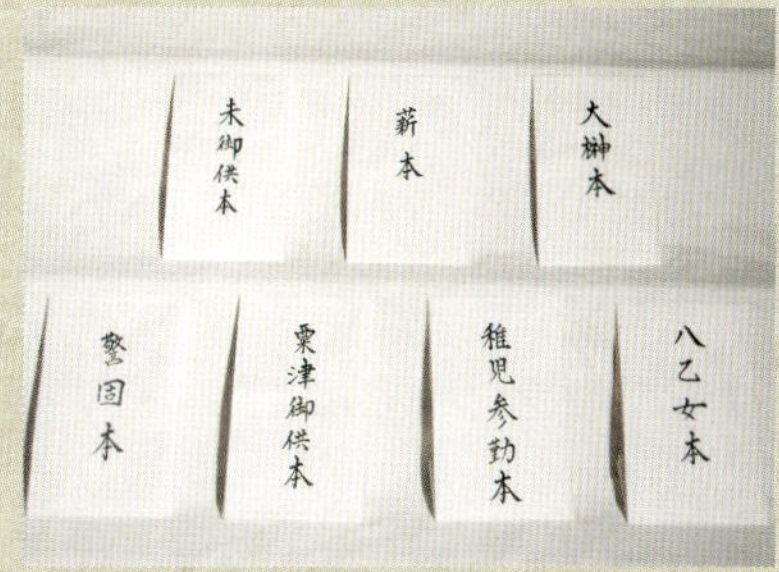

各御供本に発行される差符

日吉山王祭の御供本

名称	現在の差符の送り先	戦前までの差符の送り先
未御供本	京都市室町仏光寺山王町	京都
薪本	大津市中庄・篠津神社	石山
大榊本	大津市京町・天孫神社	天孫神社
稚児参勤本	大津市坂本・榊宮社	天孫神社
粟津御供本	大津市膳所五社持ち回り	粟津神社
御供警固本	大津市鳥居川町・御霊神社	御霊神社
八乙女本	大津市下阪本・松田勝彦	
御園茶調進本	日吉大社	坂本村役場（大津市と合併まで）

生源寺の本堂前にそろった駕輿丁に
「読み上げ」が行われる

←平成21年の祭礼では、12、13日夜、生源寺本堂で、
延暦寺一山による肩揃え安全祈願法楽が営まれた

宵宮《よみや》落《おと》し神事

四月十三日　午後七時

午後三時ごろ、生源寺《しょうげんじ》の一番鐘が鳴ります。これを合図に駕輿丁たちは、宵宮落しの「鼻《はな》の役」の家に集まり、家族や親戚・友人らに見送られて町内回りに出かけます。途中で氏神様にお参りをして「宮本」に着きます。宮本とは駕輿丁の集合場所のことです。

ほどなく、宵宮落しの飛び役の二人が着き、甲冑役も着きます。清めの水を掛けてもらい、御神酒をいただき、読み上げ場へ出発していきます。生源寺の本堂前に次々に人々が集まってきます。

そして日も落ちたころ、鼻役を照らす大松明を担いだ駕輿丁たちは宮本を見送りの人々に送られ、読み上げ場へ出発していきます。

ほか三駕輿丁の鼻役と大松明も町内回りのあと、生源寺へ集合。一番に受付をした駕輿丁が来ると二番鐘が鳴らされます。それを合図にほかの駕輿丁も次々と到着します。

いよいよ「読み上げ」の開始です。本堂前には約三〇名のいかめしい鎧《よろい》、甲冑《かっちゅう》姿の山王祭実行委員が勢ぞろいしています。赤々と火がともされた三メートルもある竹松明《たいまつ》が立てられます。読み上げとは「午《うま》ノ神事《じんじ》」でも行われた点呼のことです。凄みのある低い声で「外柄（担ぐ持ち場の名称）が宮下町の、ゆう

宵宮場の４基の神輿がシーソーのように前後に激しく揺すられ、ドスン、ドスンと地響きを立てる

きいつぐー」（私の名前です）と呼ばれれば、「よっしゃー」と私は拳《こぶし》を振り上げ応えねばなりません。

一駕輿丁約五六名、四駕輿丁、計二二四名全員の名前がこのように読み上げられていきます。その雰囲気は、かつての延暦寺の強訴《ごうそ》における山法師の勇ましさを彷彿《ほうふつ》とさせるものです。

読み上げの終わった駕輿丁が、竹松明を担いで生源寺を走り出て、日吉馬場を駆け抜ける姿は、まさに火祭りです。群衆の待つ宵宮場へ駆け込むや神輿に飛びつき、その黒棒（轅《ながえ》）を上下に揺すります。四基の神輿が、大政所の床板に打ちすえられ、地響きを発します。この豪壮な神輿振りが一時間余りも続くのです。

その頃、四基の神輿の前にはずらりと前張り役の男たちが互いに腕を組んで並びます。男前の若い駕輿丁の晴れ姿です。この光景を、「陣痛の神輿を横一列で隠しているのだ」とする説もあります。

読み上げ場で、宵宮場で行う行事の予行演習が始まる頃に三番鐘が鳴ります。それを聞いた宵宮場の役員はすぐに揺するのを止めさせ、甲冑（飛びの役）を迎える準備をします。

まず、四基の神輿を並べる大政所の床に鎹《かすがい》を打ち込みます。これは神輿振りのあとの神輿のすべり止めになります。続いて六〇〇キロもある神輿を乗せるシンギ（榻《しじ》*）前・後二台のうち前を抜き取り、支えに竹榻に替えて甲冑（飛びの役）を待ちます。

⬆⬇宵宮場前につめかけた大群衆が見守る中、
「前張り」役の駕輿丁の後ろで神輿が揺れる

➡足下では、振り外れないように神輿と
台を両手であわす、危険な裏方

⬆神輿をかくす「前張り」
➡［右］「飛び」を迎えるために、床板にカスガイを打ち込む
［左］前の榻を、竹榻に取り替える
⬇日吉馬場では、甲冑姿の役員が「デンデンガン、デンデンガン」と叫びながら練り歩き、「飛び」の行く手をはばむが、これを振り払って走る

⬆「飛び」が乗った黒棒が上がると、歓声が湧き起こる

➡「飛び」の前に、高張提灯が走ってくる

そのころ日吉馬場では飛びつく甲冑を後にしたがえ、甲冑姿の役員たち約三〇名が横一列に腕を組んで、「デンデンガン、デンデンガン」と叫びながら日吉馬場を練り歩きます。飛びたちは役員たちの組んだ腕を振り払って行こうとしますが、はばまれてそうはいきません。

やがて宵宮場の入口辺りに来て、飛びの八人は役員たちを振り払ってわれ先にと自分の神輿に向かって走ります。飛びの走り姿を見て、各駕輿丁の松明係は、飛びの足元を照らしながら手を引っ張り、どこよりも早く神輿の黒棒に飛びつかせます。

まず飛びの前に高張提灯《たかはりちょうちん》が先に走り、通り抜けると四社の神輿が順番に黒棒を前の床に着け、飛びが黒棒に乗るやいなや、黒棒は高く上がります。早く、美しく高く上げるのが見せどころ。ここで、集結した駕輿丁はもちろん、宵宮場につめかけた観衆から「ワァー」と歓声と拍手が湧き起こります。黒棒に乗っていた飛び二人は床に降りて式の始まるのを待ちます。

気配を察した観衆は静まり、宵宮場に静寂が広まった頃、小《しょう》満《まん》*役が「しょうまーん、しょうまーん」、そして「いむろ、よかわ、さいとう、とうとーお（飯室、横川、西塔、東塔）四社の駕輿丁そろぅたかーあ」と叫びます。

すると今度は、受手の駕輿丁の小満が「なーかなーか、そろいにくうーて、そろーてござぁーる」と返します。いわゆる聞かせどころです。小満とは点呼役で、飯室、横川、西塔、東塔

➡場が静まったところで、小満役が叫ぶ。「しょうまーん」
⬅続いて、破れ獅子が奉納される

田楽の「綾織り」が１基ずつ奉納される。舞台下で１基につき４人、腕を組んで待機する駕輿丁たちの上に、まもなく神輿が落下する

➡山王祭をとりしきる委員長が扇に書かれた祭文を読む。この扇の手を上げると神輿が落下する
⬇神輿の後ろでは、落下合図の扇の手を今か今かと見すえる

⬆緊張のあと、ついに落下する神輿

←カスガイで止まる神輿

地上に落下した瞬間の４基神輿。駕輿丁たちが、黒棒の内鈴と外鈴の部分に取りつき神輿を担ぎ上げる

宵宮場を離れるや、始まった神輿競争。湧き上がる歓声、山王祭一番のクライマックスの場面

とは神仏分離まで神輿を仕切った山門の四グループをさし、中世の名残を留めた四社の駕輿丁への点呼にあたります。ただし、古い時代のままの台詞というわけでもなく、「いむろ、よかわ、さいとう、とうどーお（飯室、横川、西塔、東塔）」の部分は、昭和三十五年（一九六〇）に当時の役員が訂正したものといわれています。

続いて獅子舞《ししまい》の奉納があり、田楽の「綾織り」の曲が四基の神輿に順番に奉納されます。

そして、当年の山王祭実行委員長が、扇に記された祭文《さいもん》*を読み上げます。「…かしこみ、かしこみもうすー」の言葉で朗読が終わるやいなや扇をサッと上げると同時に、飛びが一斉に地面に飛び降ります。

すると、「宵宮落し」の名のとおり、四基の神輿は一斉に地面に落とされ、すぐさま神輿に駕輿丁たちの肩が入れられ、約一〇〇メートル先の鼠宮《ねずみのみや》までの神輿競争がスタートします。競争のコースは、次ページの図のように四社神輿は二本のカシの木の間（鳥居のあった名残）を通らなければなりません。役員はケガのないように注意していますが、神輿同士がぶつかったり、傾いて落としたり事故の多い場面です。

鼠宮までの競争で一番になると、肩がいいと自慢になります。『日吉御祭礼之次第』を見ると、一番は、その夜に所属する谷の衆中から褒賞《ほうしょう》があり、「白金敷枚、美酒数石《こく》、紅木綿《もめん》、手巾

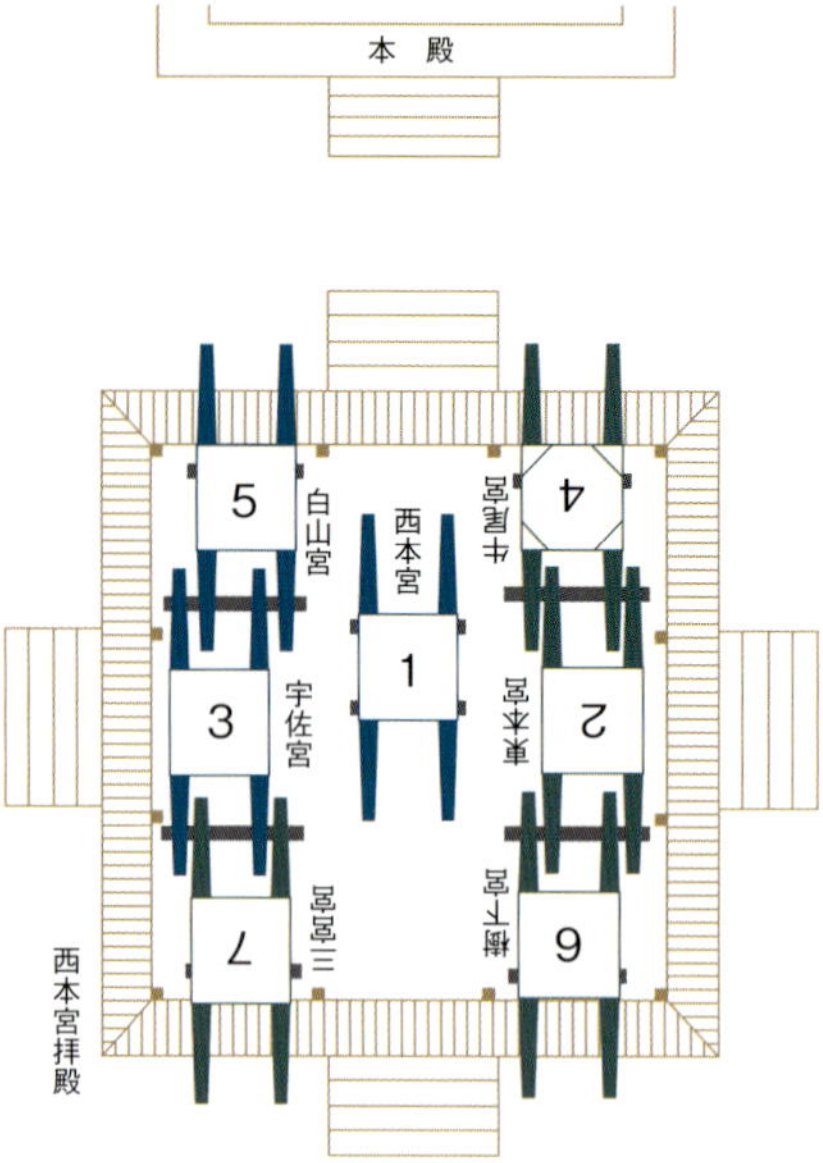

西本宮拝殿に勢ぞろいした７社の神輿の配置

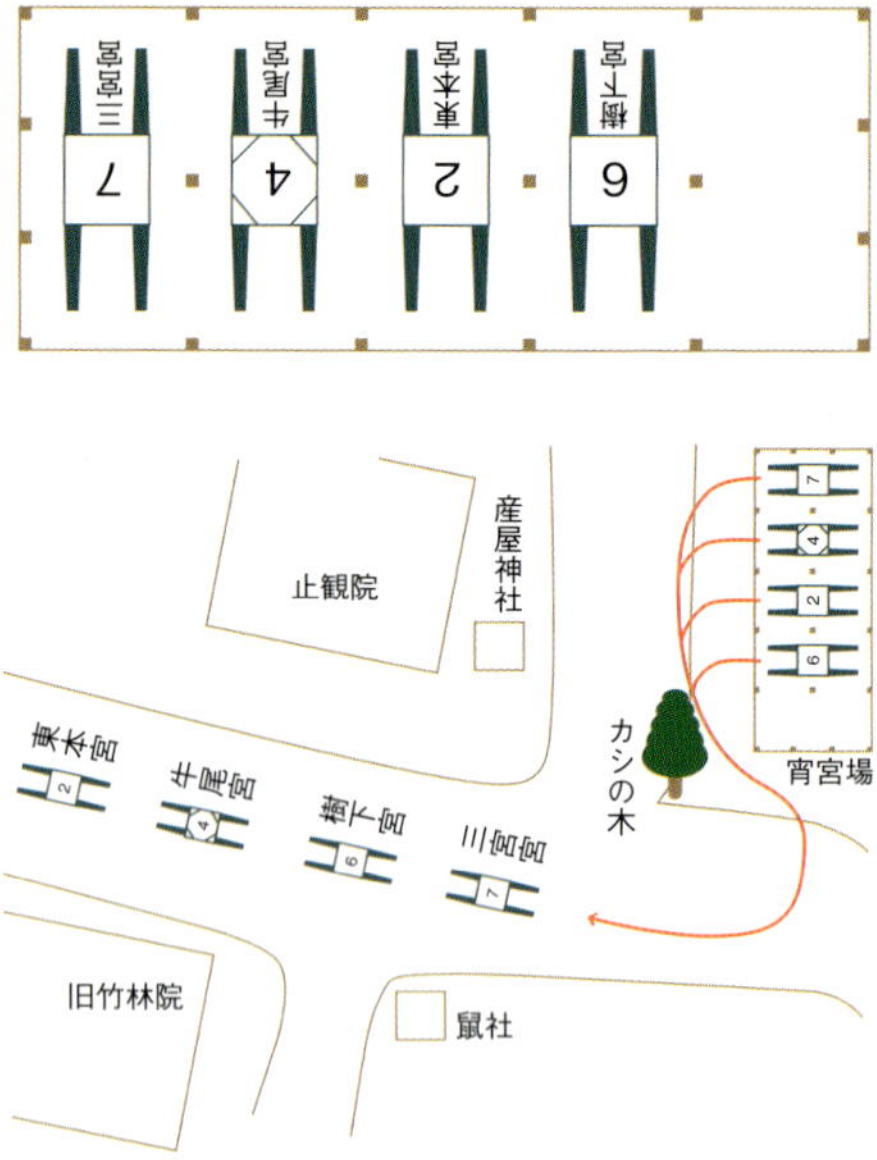

宵宮場（大政所）から競争する４社の神輿のルートと鼠社以降の順位

一夜明けた西本宮拝殿。宵宮落しのあと勢ぞろいした７社の神輿

山王祭メモ

神輿振りは、お産の陣痛を表すのか？

宵宮落しの舞台、大政所には五つの間があり、その内四間は神輿が納まり、あと一つの間は「赤ちゃんの部屋」だと言われています。これは、神輿振りのあと神輿を地面に落とすまでは、お産の陣痛と出産を表しているという説から来たものです。しかし、残りの一間は神に稚児が祗候《しこう》する場であると考えます。祗候とは、つつしんでお側に奉仕することです。「祗候の間」がいつしか稚児の間、赤ちゃんの間に解釈されるようになったのではないでしょうか。

次に、山王祭委員長が読み上げる祝詞全文を紹介しておきます。

神事奉行祝詞

故伎《ふるき》恒例《ためし》乃《の》随《まにま》尓《に》此拝殿《このはいでん》尓《に》神幸《みゆき》令坐奉留《ましませる》
四柱《よはしら》乃《の》皇大神等《すめおおかみたち》乃《の》鳳輦《おおみてぐるま》乃《の》大前《おおまえ》尓《に》実行委員長《じっこういいんちょう》（氏名）
畏《かしこ》美《み》畏《かしこ》美《み》母《も》白《もお》左《さ》久《く》
皇大神《すめおおかみ》乃《の》領知《しろしめ》須《す》此里《このさと》乃《の》里人等《さとびとたち》賀《が》
鳳輦《おおみてぐるま》乃《の》輿丁《よぼろ》仕奉《つかえまつ》留《る》止《と》為氏《して》
大前《おおまえ》尓《に》群集《つど》閉《え》留《る》中《なか》尓《に》計良《はから》邪《ざ》留《る》罪《つみ》穢《けがれ》
過犯事《あやまちおかすこと》乃《の》在良牟《あらむ》登《と》母《も》咎米給波受《とがめたまわず》
出御《いでまし》乃《の》道《みち》乃《の》程《ほど》平穏《おだい》尓《に》大宮《おおみや》乃《の》拝殿《はいでん》尓《に》
神幸《みゆき》座坐勢《ましませ》止《と》畏《かしこ》美《み》畏《かしこ》美《み》母《も》白《もお》須《す》

山王祭の祭文が記された扇。この扇が振り上げられると神輿が落ちる

敷十匹」が駕輿丁に振る舞われたとしています。

一方、戦争のため昭和十五年（一九四〇）からは宵宮落しが中止され、九年ぶりに復活した昭和二十四年（一九四九）作成の『日吉大社古式祭執行要領』には、駕輿丁の未経験者が多く危険なため、競争をせず南から「樹下宮、東本宮、牛尾宮、三宮」の順で落としたと記されています。

さて、鼠宮まで来ると、今度は一番二番に関係なく、東本宮、牛尾宮、樹下宮、三宮宮と決まった順番で列を整え、松明の明かりの中、二宮橋を渡り、宵宮道から西本宮の拝殿に納めます。

神輿を拝殿に納める場所と向きには、絶対の決まりがあります。それは神様の序列と明日の神事がスムーズに運ぶよう配慮されています。東本宮、牛尾宮、樹下宮、それに三宮宮と拝殿の正面からではなく左右から今は納めています。

西本宮の拝殿に納め終わると拍手が起こり、この夜の神事は終わりです。紫襷《たすき》の役員は自分の所属する駕輿丁にケガ人がなかったかを確認をしてから帰路につきます。

昭和三十年代までは、拝殿の正面（楼門）より東本宮、牛尾宮、樹下宮、三宮宮と列をなして、西本宮まで来ると、三宮宮から拝殿に納めました。これが手間取ると気が荒くなりよくケンカになったためです。先の神輿が遅れると、担いだままの状態で待つ時間が長くなり、つらいわけです。広い拝殿ですが、七基もの神輿を寸分たがわず配置するのには熟練を要します。

駕輿丁の手作り道具

手持ち松明《たいまつ》

夜に見せ場のある山王祭には、松明《たいまつ》が欠かせません。材料となる肥松《こえまつ》は、二月中頃、比叡山中に入り、松の倒木の根を探して、スコップやツルハシで大きいものを三〜四個ほど掘り起こします。肥松の「肥」は、木目に松《まつ》脂《やに》の樹脂が詰まっていることを意味し、大量に含んで赤い色をした松の根を「ジン」とも呼びます。

一カ月ほど置いてから、三センチ角、長さ五〇センチほどに切ったものをたくさん作ります。これを長さ七〇センチほどの手持ち棒に五〇〜六〇本もくくりつけて仕上げます。山王祭の間に一〇〇本ほど作ります。

← ［右上から時計回りに］①掘り起こされた肥松 ②乾燥後、3㎝角に切る ③手持ち棒にくくりつける ④完成品（3月中旬）

大松明（鼻松明）

一駕輿丁で午ノ神事用の鼻松明《はなたいまつ》一本と宵宮《よみや》の鼻松明二本、合わせて大松明三本が必要です。四駕輿丁を合わせると全部で一二本になります。竹の長さは、約一〇メートル、ほどよく枯れたものを竹藪から採取します。必ず奇数で三本一括りを七組作り大松明に仕上げます（竹が細いものしかなかった年は、七組から九組になる場合もある）。昭和五十六年（一九八一）頃までは、松明の中に湖岸に生えるヨシを入れていたそうです。おそらく松明の燃えをよくするための細工と思われます。

甲冑《かっちゅう》役には、午ノ神事用と宵宮用として約五メートルの竹松明二本を渡します。中部地区の駕輿丁は、これとは別に十四日の神輿の還御用に使う約五メートルの竹松明を一〇本ほど作ります。

⬆［上］竹を3本ずつ縄で縛る ［下］これを7組束ねて縛り、太い注連縄を巻く

⬆竹榻づくり
⬅切り出された大量の青竹

いろいろな場面で用いる竹

押し竹　神輿上げに使う「押し竹」は、長さ五メートル、径一二センチほどの青竹が神輿一基につき二本、計四本が使われます。二基の神輿を八王子山の奥宮に担ぎ上げる時、八人がかりで持ち、登り坂の後ろから軒下に押竹を二本ずつ入れ、ぐいぐいと押し上げます。

もう一つの押し竹は、宵宮落しの裏技に用います。山王祭委員長による祭文《さいもん》の読み上げが終わり扇を上げると同時に、四社の神輿が地上に落下します。この時、どこよりも早く出すため、押し竹で後ろから押し出すのです。竹の長さは三～四メートル、径五～七センチで穴にあらかじめ藁《わら》を詰めて、神輿を傷つけないようにします。

差す竹　午ノ神事に使用する「差す竹」は、長さ六メートル、径一二センチで、急坂で神輿の暴走を防ぐブレーキ役です。担ぎ手の邪魔にならないよう、神輿上げの押し竹より一メートル長くしています。この役は、昔は背中に桟俵《さんだわら》*［次ページ写真］を二枚重ねてあてたそうです。今は、座布団、その上に桟俵を重ねて竹の切り口をあてます。世話役四人がはずれないよう補佐しながら下ります。

竹榻《たけしんぎ》　神輿の黒棒を上下にゆすり、そのあと二つの榻のうち前の榻を竹製の榻に取り替えます。長さは八〇センチほどで、黒棒とあたる側の穴に藁《わら》を詰めます。上から二〇センチのところに、手に持つ縄を二〇センチ出します。高張《たかはり》提灯が通り抜け、四社の神輿が順番に黒棒を地面落とす、この際に手で引っ張れば支えがなくなり神輿が床に落ちるのです。

下ノ材、上ノ材の竹　十四日、日吉馬場の神輿渡御の合図用に用いる長さ約五メートルの青竹です。滋賀院の入口の角が「下ノ材」、日吉大社入口の参道に立てるのが「上ノ材」の竹です。午後一時ごろ、四駕輿丁が日吉馬場の参道をお練りして西本宮へ進んだあと、下ノ材、上ノ材を受け持つのは中部、広芝、至誠の三駕輿丁（下阪本以外）で、その係が取りに行きます。

スピードを競う宵宮落しで、神輿を押す押し竹

	午ノ神事 鼻松明１本	宵宮 鼻松明２本	用意する 注連縄の数
中部	注連縄５本	注連縄各３本	計 11 本
広芝	〃　３本	〃　各３本	計９本
至誠	〃　５本	〃　各５本	計 15 本
下阪本	〃　５本	〃　各３本	計 11 本

合計…鼻松明 12 本に注連縄 46 本を使用

鼻松明にくくる注連縄《しめなわ》

鼻松明にくくりつける注連縄は、図面などがあるわけではなく、作りながらの口伝で継承されてきました。四駕輿丁とも、長径一五センチ、長さ六メートルのものを六人で編む点は同じですが、それぞれ編む本数は上表のように違っており、結び方も異なります。

➡［右上から時計回りに］①昔の「ガリコン」（足踏み脱穀機）で藁をきれいにする　②６人がかりで、長径15cm、長さ６ｍの縄を編む　③注連縄を鼻松明にくくる　④くくりつけた注連縄をハサミで整える

紅白縄

午ノ神事の鼻の人が両手に持つ縄です。一反の布、白二本と赤一本を編んで作ります。宮本は相手の駕輿丁の分も本編みの長さを同じにして作り、四月二日の肩組の日に渡します。

以前は、各駕輿丁が個々に編んでいたため長さがそろわなくなったため、実行委員会で話し合い、午ノ神事の宮本が二本を編むことになりました。

➡桟俵づくり。若い世代も先輩の技を見ながら、桟俵を編む

⬇桟俵の完成品

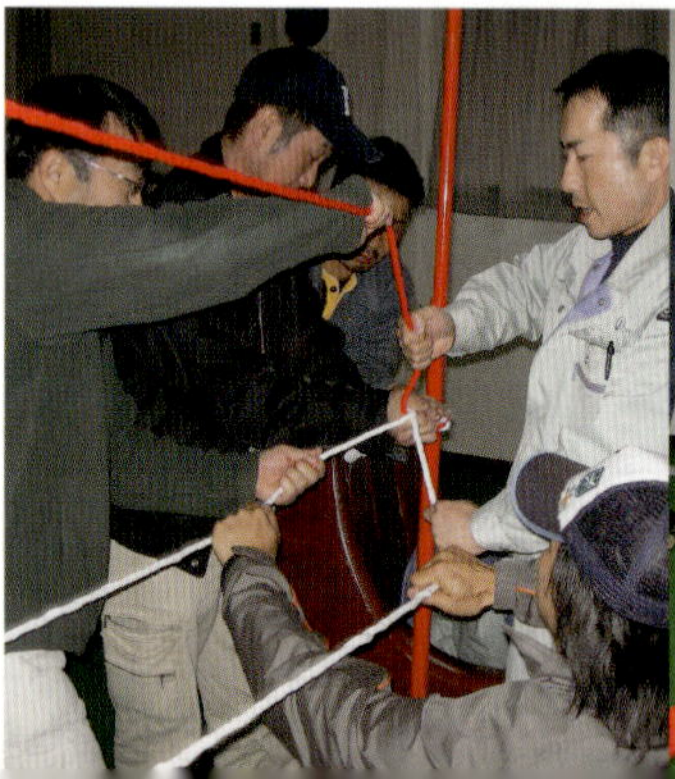

➡［右］１反の布３本を伸ばして、長さを合わせる［左］長さをそろえながら、６人がかりで１本に編んでいく

➡完成品

第三章

華やかな山王祭

日吉大社の境内を出て、いよいよ日吉馬場へと神輿は進む。甲冑武者たちの扇がひるがえり、一段と輝く東本宮の神輿

四月十四日、日吉さんは最大のハレの日を迎えます。拝殿には神輿が勢ぞろい、天台座主以下延暦寺の僧侶も参列して例祭が厳かに執り行われます。

午後には日吉馬場を下った神輿たちが、琵琶湖岸の七本柳《しちほんやなぎ》から神の足跡をたどります。先人たちの守ってきた伝統のままに湖へと出御していき、粟津御供の献納を受けます。

神前読経する延暦寺の一山僧侶たち。天台座主以下般若心経を唱和する（東本宮本殿前。写真は西本宮例祭の後、本文80ページ参照）

東本宮例祭

四月十四日　午前八時三十分

さあ、いよいよ山王祭の中心となる例祭日です。日吉大社は本宮が東西二つあり、二社同時に行うわけにはいきません。そこでまず早朝、東本宮で祭典が行われます。

まず楼門前でお祓いをし、東本宮本殿前に進んで東西に分かれ、東に宮司以下、西に献幣使《けんぺいし》が向きあって着席します。厳かな「オー」という声とともに御扉《みとびら》が開かれます。神饌が供えられ、ほの暗い外陣《げじん》*で宮司が祝詞を奏上、ついで献幣使も祭詞を奏上し、玉串を供えます。再び「オー」という声とともに御扉を閉め、宮司以下列を整え下ります。

東本宮例祭は、次に行われる西本宮のさまざまな神事がある例祭に比べると簡素に見えます。例祭への参列者も少なく、正装をした神職、献幣使などわずかです。東本宮は『古事記』にも記された大山咋神《おおやまくいのかみ》を祀る根本の社ですが、その後は比叡山延暦寺とともに西本宮の方が発展していきました。

とはいえ、地主神《じぬしがみ》として最も古い根本の神様は東本宮です。地主神とは、伝教大師が、比叡山に入り、延暦寺（一乗《いちじょう》止《し》観《かん》院《いん》）を開く前からおわします神という意味、つまり先住神です。だからお山ではあちこちに山王社が祀られ尊敬の念を忘れないのです。この神仏調和の姿が全国の末寺に伝えられ、日吉さんが全国に広まったのです。

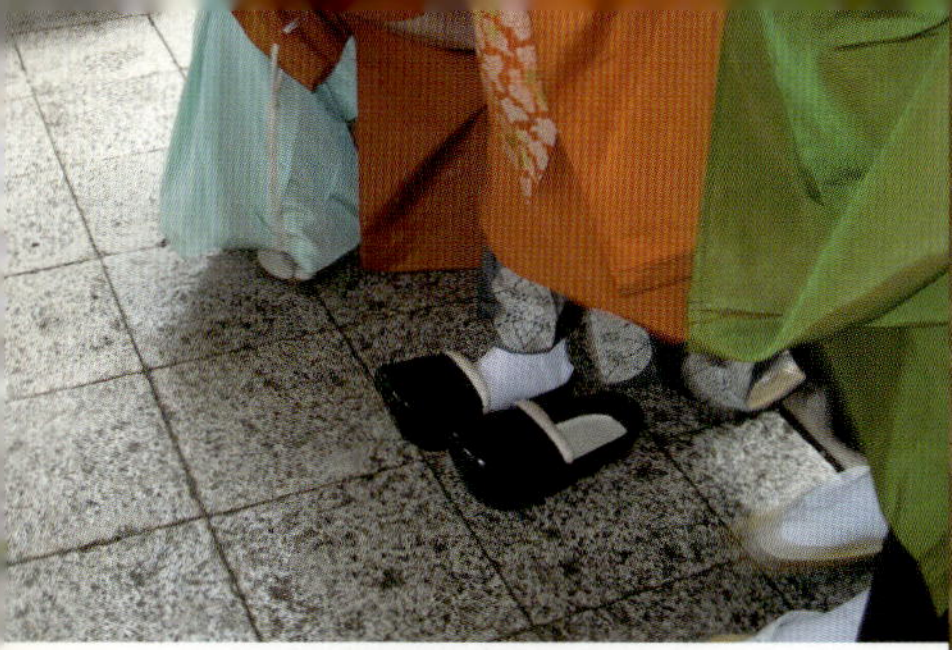

⬆草履から浅沓への履き替え

⬆桂小枝３束のうち１束を天台座主に授ける（西本宮本殿前）
⬅唐櫃から取り出された五色奉幣は、一山の僧侶の手を送られて天台座主に手渡される

西本宮例祭

四月十四日　午前十時

西本宮例祭は、厳かさと華やかさが特徴です。赤と紺と白の神職の正装、座主の緋《ひ》の衣などは、平家物語絵巻を彷彿《ほうふつ》とさせます。例祭の始まる一時間ほど前から、参列者や山王講の人たちが集まってきます。やがて太鼓を響かせながら、粟津《あわづ》御供本の行列が惣合坂を登ってきます。

ほどなく、天台座主《ざす》の行列も「チャリン、チャリン」と警護の金棒を引く音を響かせながら、大宮橋を渡り、惣合坂を登って惣合神門（山王鳥居）をくぐり、社務所前に到着します。比叡山延暦寺にとって日吉大社は護法神であり、「一山総出仕」でお参りするのが慣わしと聞きました。座主が一山僧侶を率いての御出座《おでまし》です。そして宮司以下神職、楽人が、座主の列と向き合って列立します。

一同対揖《たいゆう》（最初のお辞儀）の後、宮司を先頭に神職列、ついで天台座主一行が続き、西本宮楼門横の石畳でお祓いがなされます。神仏一致の行事がいよいよ始まりました。うやうやしく清祓いをうけ楼門の下に差しかかった時、天台座主だけ雪駄《せった》から浅沓《あさぐつ》*に履き替えます。日吉大社は登りが急なのでここまで雪駄を用い、護法神の御前、楼門下で正式の浅沓で威儀をただして神事にのぞまれるのです。

座主と高僧たちは献幣使とともに、本殿に向かって左側の幄《あく》

⬆唐櫃に納められた五色の御幣。緑・黄・赤・白・黒と順番に繰り出される
⬇次々と手渡される五色の御幣。年一度の護法神への法楽

メモ

神仏分離による廃止から復活

天台座主以下、一山僧侶による五色の奉幣と神前読経の儀式は、神仏分離令以降、長らく廃止されていました。その後、昭和十二年（一九三七）四月二十日、比叡山開創一一五〇年記念法要に際して日吉大社への参拝が行われたのをきっかけに、昭和十六年四月十四日の日吉山王祭で参拝がなされ、復活したものです。

なお五色の奉幣は現在、本殿に奉幣をしていますが、『祭礼新記』（貞享《じょうきょう》五年・一六八八）では、「座主御幣七社神輿に移す」と記されています。また、今は桂一束を西本宮神輿に供えていますが、同記では神輿七社に桂を供えるとされている点などが異なります。

↑←三方にのせ、西本宮神輿前に供えられた桂の束

舎《しゃ》*に着席。向かって右側には全国の分霊社や神社関係者、そして一般席が設けられています。神職一同はそのまま本殿に上り、向かって右側面の妻戸から宮司が、左側面の妻戸から禰宜《ねぎ》以下神職が入り、外陣《げじん》の座につきます。

ほどなくして御簾《みす》が巻き上がり、内陣の御扉が「オオー、オオー、オオー」という警蹕《けいひつ》*三声とともに、おごそかに開けられます。毎年、静寂の中で御扉のきしみと警蹕が響き渡るのを聞くと、身が引き締まります。

宮司が内陣に進み祝詞奏上のあと、今度は献幣使が祭詞奏上を終えると、天台座主以下僧侶によって五色の奉幣《ほうべい》が行われます。緋色の衣をまとった華やかな衣装で、雅楽の流れるなか、緑・黄・赤・白・黒の順に五本の御幣を唐櫃《からびつ》から出し、手渡しされます。その時、天台座主は三段、神職が上から三段降りて渡します。つつがなく五色の奉幣が内陣に納められると、天台座主は階《きざはし》（木階《もっかい》）を上り大床の真ん中に座られます。

そして、座主が印を結んで、「オン、ココダヤソワカ」をくり返し唱え、一転して「マァカァ、ハンニャハーラミタ、シンギョー」とリードして般若心経《はんにゃしんぎょう》を唱えると、一山僧侶は本殿前庭に一列に並び一斉に唱和します。他の神社ではめったに拝めない神仏調和の光景です。神前読経に続いて、山王祭実行委員会会長が祭文《さいもん》を本殿前庭で奏上します。

この例祭で重要なのは、桂《かつら》*の奉幣です。この儀式は本殿内の

本殿内より下げられた桂の若枝をいただく。桂は神様のお印だ

作法であるため、余り知られていませんが、神職によれば、山王祭の核心部分だとのことです。大和国から大己貴神《おおなむちのかみ》が来て、地面にさした桂の杖が大木に育ち、神木となりました。桂の奉幣では、神職によって本殿内から出された桂の束を、参列者はもちろん、駕輿丁全員がはち巻きの間にはさみます。これが日吉の神の印《しるし》と私たちは信じているからです。この桂を頭にさすことで、神さんと一体となって神輿を担ぐことができるのです。

本殿内陣に着座した宮司は祝詞の後、桂（三束一括《ひとくくり》）を外陣で座ったまま左、右、左と振ります。この奉幣ののち神職一名が、一束を西本宮神輿に、一束を天台座主のいる本殿前に、もう一束を参列者全員に配ります。

いずれも束のくくりひもを解いて、桂の若葉の小枝を一本ずつ参列者全員に渡します。続いて玉串拝礼、雅楽の奏せられる中で撤饌《てっせん》、警蹕を三声とともに閉扉《へいひ》、そして御簾《みす》が巻き下がり、約一時間半のお勤めを終えられた宮司以下が本殿から降りてこられます。庭上に並んだ宮司以下神職全員が、一拝一拍手、一拝の「退手退下《たいしゅたいげ》」を合わせて行い、西本宮例祭は終わります。

なお天台座主は、続いて東本宮に向かい、般若心経を唱えて神前読経をなさいます［76ページ写真参照］。これは早朝の東本宮例祭に、現在では座主が参列しないためです。これがすむと、二宮橋を渡り本坊の滋賀院へ帰られます。

御浦神事。西本宮の浜床に立ち、現在は木馬で代用している神馬を背に、神歌をうたう神職たち

御浦《みうら》の神事

四月十四日 午後一時

「御浦の神事」は、神馬《しんめ》に乗られた神様が琵琶湖畔の唐崎までお出ましになるため、西本宮で行われる出発の神事です。山王神輿や大榊と同様、馬も神様の乗り物なのです。

この神馬用の馬は、生源寺の祝部行丸《はふりべゆきまる》が書き残した『日吉社神道秘密記』(天正十一年)には「祭礼七社外下八王子社神馬有」とあり、八頭の神馬でしたが、江戸時代には七頭になっています。明治初期以降、滋賀県か京都府の乗馬苑から数頭を借りていましたが、昭和三〇年(一九五五)頃以降は一頭だけになりました。そして、昭和五〇年(一九七五)以降はそれも調達できなくなり、木馬の代用品となったのです。現在は、軽トラックの荷台に載せた木馬の背に御幣を乗せる格好です。軽トラックになった当初は荷台に御幣だけを立てていました。

神馬の代役の軽トラックに載った木馬が本殿前庭に置かれると、禰宜が階段下の浜床に立ちます。儀式上は、あくまで生き馬という建前です。禰宜が立ったままで鈴二声、祝詞を奏上し、鈴二声、続いて神歌《かみうた》*が歌われます。

山とはば海に西より風吹かばいずれの浦に御船《みふね》つながん

神歌を歌い上げて式は終わります。ガラン、ガランと禰宜の振り鳴らす鈴を合図に、神馬(軽トラック上の木馬)は一路唐崎へ出発します。

⬆腕組みの横一列で日吉馬場の参道を進む四駕輿丁
⬅日吉馬場の二の鳥居前で大榊を待つ山王祭の幹部たち。金棒を持った警固役もみえる

大榊還御《おおさかきかんぎょ》

四月十四日　午後一時

同時刻から、坂本の街中では複雑な神事が場所を変えて行われます。これは大津・天孫神社から大榊《おおさかき》が日吉大社を目指して帰ってくる（還御）ための段取りです。西本宮での御浦の神事が終わる頃、四駕輿丁が各町の宮本に集まり、まず甲冑が先に出発し、ほどなく駕輿丁も、伊勢音頭の日吉崩しの音頭をとりながら出発します。

一番の駕輿丁の受付が終わると、生源寺の一番鐘が鳴ります。すると、他の駕輿丁たちも二の鳥居を次々くぐり、日吉馬場の参道を腕組みの横一列、ちょうどデモ行進のスクラムのようになって、やはり伊勢音頭に合わせお練りをしながら参道をのぼります。

四駕輿丁が西本宮に着く頃、二の鳥居の上手に歴代委員長が、下手は役員、甲冑武者が並び大榊の還御を迎えます。

一方、金棒《かなぼう》曳《*ひ》き八名と甲冑武者、紫襷の役員が榊宮社へ大榊を迎えに行きます。福成《ふくなり》神社の前に着くと、甲冑武者と金棒曳きが二列で大榊を迎えます。大榊に乗った神様は、さる四月三日以来、一一日ぶりにふたたび坂本へお帰りになるのです。

↑通称「作り道」の福成神社の前で大榊の到着を待つ
←大扇ノ手（裃《かみしも》を着た二人）と、別名「カラス」と呼ばれる警固役の黒甲冑武者

↑西本宮への還御の途中、榊宮社に奉安される大榊
←駒札を先頭に「作り道」を進む一行

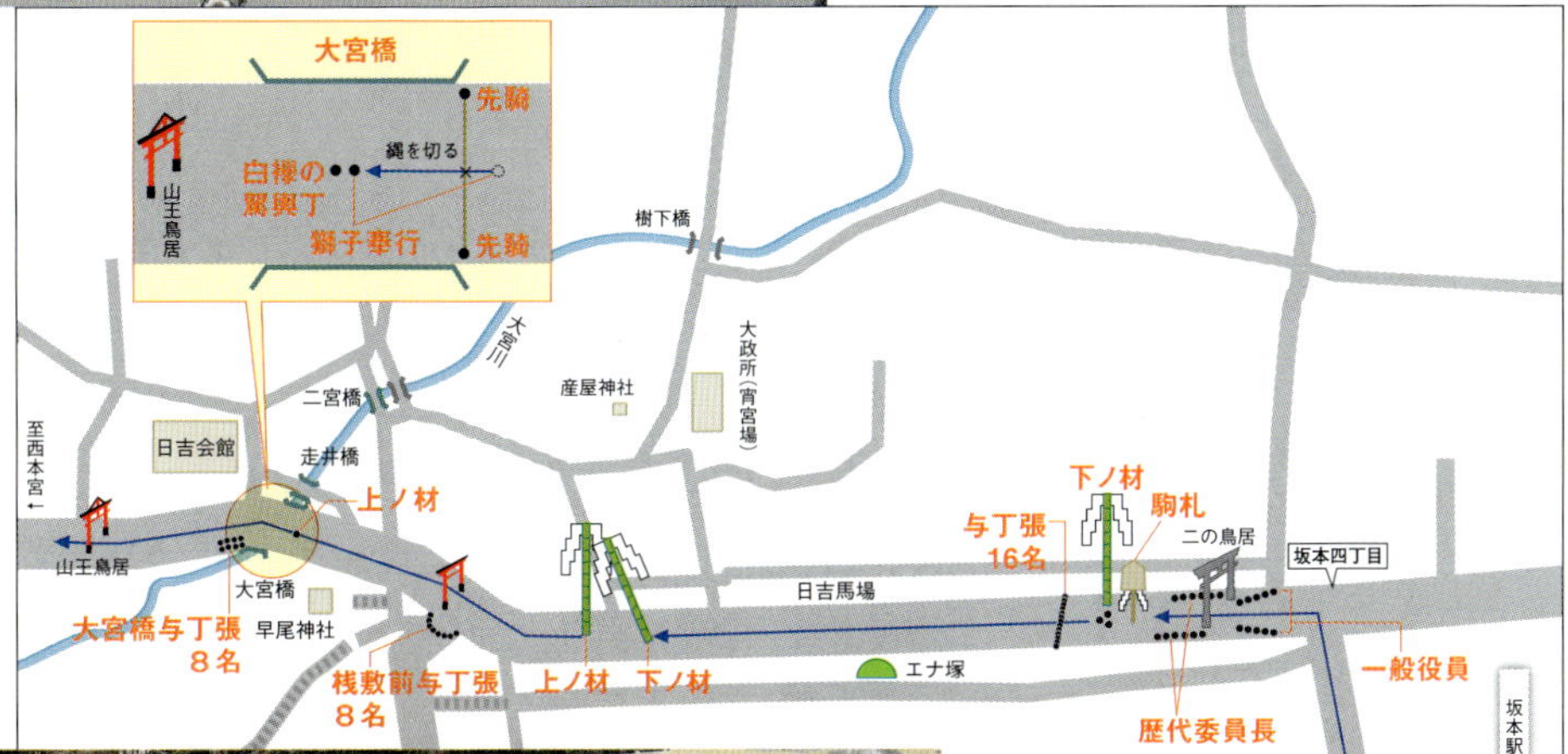

←子供たちにひかれ日吉馬場をゆく大榊

馬場のエナ塚（古墳）前で踊る獅子

「綾織り」を舞う

⬆行列の後ろに、甲冑武者姿の役員らが連なる

紫の紐襷《ひもたすき》の山王祭役員が、榊宮社《さかきのみや》に待機している大津の天《てん》孫《そん》（四宮《しのみや》）神社神職や役員たち、大榊本、榊宮社の役員に時間が来たことを告げます。作り道に大榊の行列が到着、駒札を先頭に日吉神主、幸ノ鉾《ほこ》、大榊、稚児、榊宮社稚児、天孫神社役員、榊宮社役員が一列に並びます。

この頃、一の鳥居付近の石占井《いしらい》神社に待機している獅子、大扇ノ手、これを守る黒の甲冑武者（カラス。別名黒子《くろこ》）、下阪本の甲冑武者たちが動きます。これも紫襷の山王祭役員が迎えに行きます。

御神酒をいただき、大榊を迎えるため二の鳥居に向かい、参道左に並びます。ほどなく、大榊の列が見え二の鳥居をくぐると、大榊列の後に獅子奉行、獅子、綾織り、一般、役員、船奉行、委員長、そして裃《かみしも》姿の大扇ノ手とこれを守る黒い甲冑を着た武者と、行列を整えながら続きます。ちょうど日吉馬場の中ほどのエナ塚前、さらに旧竹林院の前でも獅子舞、「綾《あや》織り」を一舞します。

さてここから一段とさまざまな作法、しきたり、手順があります。これらは山王祭の一部分ながら日吉の神職はまったく関与しません。すべてを取りしきる山王祭役員、地域住民が守り伝えているものです。先輩が役についた者に、「この時はこうする」、「衣装、作法、手順はこうである」と指導します。山王祭は、神社側と氏子側がそれぞれの持場と役割を果たして初め

大宮橋を渡る大榊

白襷の駕輿丁による挨拶

⬆下ノ材の青竹を上ノ材の青竹に当てる
➡上ノ材の位置の印

⬆駒札を、下ノ材の青竹に当てる
➡下ノ材の位置の印

て動いていくのです。

いよいよ大榊列は進み、日吉大社の入口、二の鳥居をくぐった辺りに青竹が立っています。これは「下ノ材」と呼ばれる御幣つきの青竹で、駕輿丁が立てて待っています。その後ろには与丁張《よちょうばり》（連絡役）の駕輿丁一六名が地面に座って道幅いっぱいに広がって待っています。

駒札が青竹に当たると、彼らは立ち上がって音頭を謡いながら歩き出します。与丁張の駕輿丁の一六名は謡いながら少し先へ行き、八名ずつに分かれます。

このうちの一組は旧竹林院前に立てられた「上ノ材」と呼ばれる竹があり、下ノ材の青竹が上ノ材の青竹に当たると駕輿丁が立ち上がり、報せに西本宮まで走って行きます。

もう一組は大宮橋のたもとに待機しています。上ノ材と下ノ材の青竹を持った駕輿丁を先頭に大榊列の後に獅子奉行、獅子、綾織り、一般、役員、船奉行、委員長と続きます。大榊の列が大宮橋を渡り終わると、甲冑武者の先騎が橋に縄を張りますが、これを獅子奉行が太刀で切ります。

橋の中ほどに待機していた白襷の駕輿丁は片膝をついた格好で、進み出た獅子奉行に「駕輿丁準備万端そろい、お待ち申しておりました」と挨拶をします。

その前に大宮橋のたもとに待機していた与丁張の駕輿丁の八名は、上ノ材の青竹が大宮橋まで来たことを、西本宮で待つす

⬆４月３日以来11日ぶりに還御した大榊
⬅大榊の三稚児

べての駕輿丁に知らせます。駕輿丁たちに緊張が走ります。

甲冑武者が橋を渡る際に先騎が、「太刀を上げい」と告げると次々と甲冑武者は太刀の鞘《さや》を手に持ち、立てて渡ります。扇ノ手を守る「カラス」は、扇ノ手が家を出て西本宮楼門で、扇を上げるまでの警護役で、祭りの邪魔者や妨害者がいないか手を刀に掛けて身構えています。

甲冑武者と扇ノ手の列が惣合坂を登りつめる頃、大榊列は西本宮本殿に着き、大榊と幸鉾を交差して台の上に置きます。そして大榊の三名の稚児が大床の西側の位置につきます。

ここで宮司が本殿の中から浜床へ降りて祝詞を奏上し、本殿前には天孫神社宮司と役員が整列しています。天孫神社への神幸以来一一日間、大榊に宿った大宮さんをお預かりし、無事にお帰りいただいた安堵と厳粛な面持ちです。祝詞が終わると、榊と幸鉾は本殿の後ろを時計回りに移動して、右側の榊石に置きます。

拝殿上では、駕輿丁たちが肩を神輿の黒棒に入れ、合図を待ちます。

そして、楼門下に待機していた扇ノ手と甲冑武者が扇を上げると、これを合図に西本宮神輿が手かぎで拝殿を出発します。

山王祭の持ち場と分担

複雑で長期にわたる一連の神事の分担はどうなっているのか、山王祭に何年も参加して、見聞を重ねないとなかなかわかりません。地元では、「山王祭を知るには七年かかる」とよくいわれるほどです。そのように複雑な祭になるのは、別々の神事が同時併行で進んでいくからです。

あの勇壮な神輿は規則正しく、いったいどんな風に運営されているのでしょうか。諸役、進行の分担はどうなっているのか、一部はすでに文中で触れましたが、改めてここで整理しておきます。

まず神輿をはじめとする運営は坂本四地区で分けられ、下阪本、中部、広芝、至誠が四駕輿丁として分担します。山王祭における各所役は、表のとおりです。

山王祭実行委員長を選出した駕輿丁は、神幸する時、その日の最高位の神輿を担ぎます。つまり、十二日の午ノ神事では牛尾宮を、十三日の宵宮は東本宮を、十四日の当日は西本宮の神輿を担ぐことになります。

山王祭の所役担当

山王祭実行委員長	下阪本・中部・広芝・至誠の各地区から四年に一度、選出して務める。山王祭神輿渡御の総指揮者。
獅子奉行	下阪本から選出。宵宮落し神事と大榊還御で舞う獅子舞の奉納役。大榊還御の参道の獅子舞役。
船奉行	下阪本から選出。琵琶湖の船渡御と船の調達を指揮する。
御座船	下阪本から選出。神輿を乗せる御座船を担当。
上ノ材、下ノ材	中部・広芝・至誠から選出。二本の青竹を持ち、神輿の進行がスムーズにいくよう日吉馬場の参道に立てる。
扇ノ手	下阪本の駕輿丁。
扇ノ手迎え	中部・広芝・至誠の駕輿丁。
小満	中部・広芝・至誠の駕輿丁。
鈴振り	下阪本・中部・広芝・至誠の駕輿丁。
綾織り	中部・広芝・至誠。宵宮落しの神輿前と大榊還御の参道で「綾織り」を奉納する。
八丁金棒（大榊迎え）	下阪本・中部・広芝・至誠の駕輿丁。
大宮橋（獅子奉行挨拶）	中部・広芝・至誠の駕輿丁。

午ノ神事で、鈴振りが手に持つ鈴(43ページ参照)

山王祭実行委員長がかける金の襷

拝殿出しがスムーズにできるよう、外側の４社の神輿は黒棒を下げておく

拝殿出し神事

四月十四日　午後一時三十分頃

さて出発です。扇ノ手と甲冑武者が扇を上げると同時に、西本宮神輿は駕輿丁の手持ちで拝殿から後ろ向きに出ます。

本殿に向かって、西側の白山宮、三宮の二社と東側の牛尾宮、樹下宮の二社は、上の写真のように外側の黒棒を下げておきます。こうすると、東本宮、宇佐宮も出しやすいのです。

鎌倉時代の『耀天記《ようてんき》』では、東本宮が東北で牛尾宮が東の中、樹下宮が南、西側の宇佐宮は北で、白山宮は中、三宮は南という配置になっており、現在は東の東本宮と牛尾宮が、同じく白山宮と宇佐宮も入れ替っていることになります。拝殿出しをスムーズにするための変更と思われ、室町時代か、織田信長の比叡山の焼き討ち後のことでしょう。神輿の拝殿出しの順番は図［70ページ参照］の番号順です。神輿はすべて拝殿の真ん中から出ます。東本宮、牛尾宮、樹下宮、三宮の神輿はそのまま出ますが、三番目の宇佐宮と五番目の白山宮の神輿は拝殿の中で一八〇度回転してから出します。

拝殿から西楼門を出た直後の春日岡《かすがおか》（社務所前）辺りで、神輿は西本宮、東本宮、宇佐宮、牛尾宮の順で並べられ金具が飾り付けられます。飾りは神輿によって異なり、先輩たちの指示で手順どおり仕上げます。まちがえると時に罵声《ばせい》も飛ぶので、緊張の中の作業です。

⬆大扇ノ手役が大扇を上げると同時に、委員長と
甲冑武者の扇が出発の合図
⬇西本宮楼門前。拝殿出しで、一番に出される西本宮神輿

⬆［上］飾り付け後、獅子頭を前に
神職が神歌を詠う ［下］上ノ材の
青竹で山王鳥居を遮断する

山王祭メモ

日吉大社とサル

西本宮楼門の屋根裏の隅木《すみぎ》には、「棟持《むなもち》猿《ざる》」と呼ばれるサルの彫刻が外を向いて配置されています（東本宮楼門には、ありません）。日吉大社でサルは真猿《まさる》と呼ばれ、「魔去る」「勝る」に通じ、神の使いとされているからです。社務所の前にある神猿舎は江戸時代から設けられたもので、現在もニホンザル二匹が飼われています。

山王祭の例祭は本来「申《さる》の日」に行われますし、神事の一つ、粟津の御供献納祭では御座船上で猿面をつけた子供が動き回ったことが江戸時代の図会に描かれています［101ページ参照］。

こうしたことから坂本では、サルが田畑を荒らしても、石を投げたり、棒で脅すといったことはせず、大声を発して退散させてきました。次のような昔話も伝わっています。昔、桃の実のなる頃、木の上で一匹のサルが桃の実を食べていました。それを見つけた木の持ち主が石を投げると、怒ったサルは「来年からは桃の実をならさない」と言って山に帰りました。すると、翌年から桃の実にヤニが着いて実がならなくなりました。そのため、坂本では桃の実がならないのだそうです。

↑西本宮楼門（桃山時代、重文）

↓四隅に配されている「棟持猿」

↑東本宮本殿に現れた本物のニホンザル

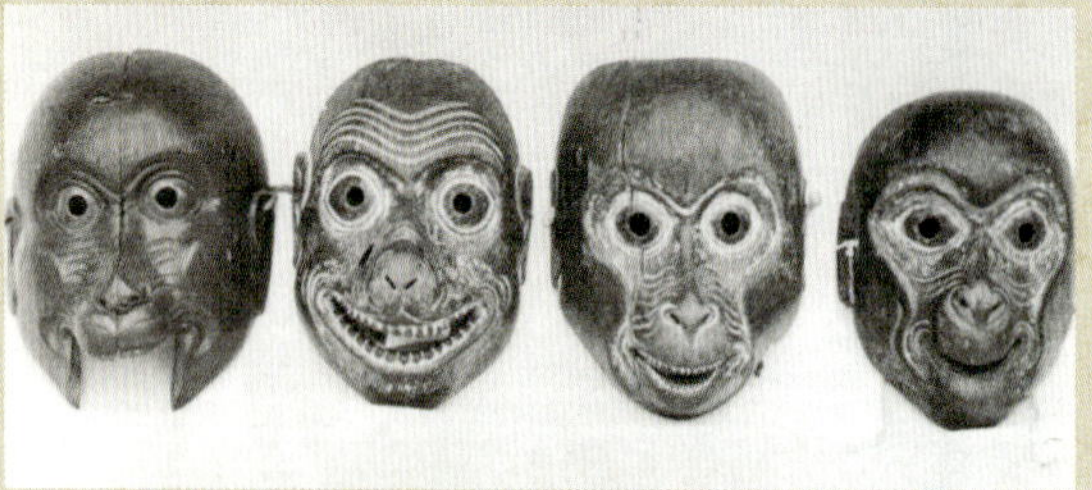

↑粟津御供献納で用いられた猿の面。木製で七つある
（粟津神社発行『粟津神社（田端さん）と粟津御供の変遷』より）

拝殿出しがすむと、社務所前に７基の神輿を並べ、飾り金具などをつける

神輿は本体もさることながら、ここで取り付けられる金具にかなりの重量があります。次々と七社神輿の飾り付けがすむと、西本宮神輿の前に獅子頭《がしら》を置き、神職が「東遊歌《あずまあそびうた》」（古い歌舞に用いた歌）を三唱、委員長と甲冑武者の大扇を合図に、西本宮神輿を先頭に春日岡を出発。山王さんのシンボル・山王鳥居をくぐり、惣合坂を下り、大宮橋を渡って日吉馬場に向かいます。

現在は駕輿丁の人手不足のため、白山宮、樹下宮、三宮の三つの神輿は、楼門前で大型トラックに乗せて運ぶ形をとっており、唐崎までの道中を省略しています。

山王鳥居をくぐるとき、大宮橋までの惣合坂を神輿がすみやかに神幸できるように、上ノ材の竹で鳥居前を遮断します。さらに下ノ材で大宮橋を遮断します。これらは長年の経験による知恵で、神輿の間を一定間隔で保ちスムーズに巡幸させるためです。

神輿神幸《しんよしんこう》

四月十四日　午後二時三十分頃

七社の神輿の神幸が始まります。最初に出る西本宮の神輿だけは、山王鳥居をくぐってから惣合坂と大宮橋との間を七練り半のお練りをしてから下ります。大宮橋を渡ると、普通に担いて進みます。好きにしてもよいということで、早足でもかまいませんが、お練りは禁止されています。二番目以降の東本宮以下六社の神輿は、惣合坂でのお練りは行いません。

⬆山王鳥居をくぐり、若葉の惣合坂を下る神輿

下ノ材の竹で大宮橋を遮断する

桜が咲き誇る日吉馬場を進む神輿

⬆日吉馬場を下り、二の鳥居を出た神輿
⬅ここからは七本柳まで大型トラックが運ぶ

日吉馬場に出ると、若葉かおる静寂《せいじゃく》の神域とは一転して、しだれ桜が咲き誇り、青空の下数千人の観客が見守る中を進みます。駕輿丁たちの晴れ姿であり、一番の見せ所です。西本宮の神輿を先頭に東本宮、宇佐宮、しんがりが牛尾宮と続き、まさに圧巻です。

山王祭の神輿が一旦動けば、すべて競争です。ただ下位の神輿が上位の神輿を抜かすことはできません。宵宮の一部だけです。後ろからあわてさすことはできても、絶対に追い越してはならないのです。

昔から「坂本の山王祭は荒っぽくすぐ喧嘩をする」といわれるのは、後ろから追い上げられて、前の神輿を担ぐ駕輿丁や役員が大声を出すため、双方が喧嘩をしているように聞こえるからです。もっとも、素面《しらふ》ではできません。酒が入った者同士になるので、どうしても喧嘩はつきものです。

神輿は日吉馬場を下り、二の鳥居でまで担がれていき、ここから七社の神輿は大型トラックに載せられて下阪本の七本柳《しちほんやなぎ》まで神幸します。

七本柳に神輿が並ぶ中、西本宮神輿に神歌「山とはば海に西より風吹かば何れの浦に御船つながむ」を詠う

船渡御《ふなとぎょ》

四月十四日　午後四時頃

七本柳は、下阪本の琵琶湖の畔《ほとり》にあります。ただ、私が子供の頃と比べると、景観はずいぶん様変わりしました。私の記憶にあるのは、広場と小さな船小屋がある砂浜に七本の柳が立ち並ぶのどかな光景です。現在では整備された船着場ができ、船渡御の出発にも便利になりました。そして、赤い山王鳥居が立っています。

さて、すでに七本柳にはたくさんの人々がつめかけ、一年に一度の船渡御の出発を今や遅しと待っています。そこへ神輿七基と駕輿丁たちが到着。神輿は、琵琶湖の方を向く形で、西本宮を真ん中に、右の内側から東本宮、牛尾宮、樹下宮、左の内側からは宇佐宮、白山宮、三宮の順で並べられます。

西本宮神輿の前で、神職によって再び「御浦の神歌」が奏上されます。

山とはば海に西より風吹かばいずれの浦に御船《みふね》つながん

奏上が終わると、神輿は序列順に担がれて、船奉行の指示で御座船に載せられます。見物の人々に見送られ、太鼓を打ち鳴らしながら一路唐崎沖へと御座船が渡御します。

唐崎神幸の最も古い記録は、『慈恵《じえ》大僧正《だいそうじょう》拾遺《しゅうい》伝』にあるもので、桓武《かんむ》天皇の勅願《ちょくがん》によって延暦十年（七九一）四月十九日に大比叡《おおびえ》・小比叡《おびえ》の神輿が奉納され、唐崎に神幸したと伝え

⬆［上］船小屋があった七浦の位置　［下］唯一現存する比叡辻の若宮神社東にある樹下宮の船小屋

七本柳の乗船場を離れ、唐崎沖に向かう御座船より。見送りの人々に扇で応える

ています。ただし、同資料では、陸路だったのか水路だったのかがわかりません。確実に船とわかる唐崎神幸は、良源《りょうげん》＊座主（慈恵大師）の時代の天元《てんげん》二年（九七九）四月、竜頭鷁首《りょうとうげきしゅ》の船が富津浜から唐崎へ神幸した、という記録が最初です。

時代が下がり南北朝時代、延文《えんぶん》元年（一三五六）九月七日に行われた日吉祭について、「是日洪水唐崎浸水シテ陸地ヲ見ズ困リテ舟ニテ神幸セラル」という記事が、祝部行丸《はふりべゆきまる》の『秘密記』にあります。これ以後、陸上を行く神幸は減って、船を用いた船渡御が主流になったというのです。船渡御は平安の昔から行われていたのではなく、室町時代からの姿のようです。

江戸時代には、二艚の船に板を渡して神輿一基を乗せていました。その様子が『山王祭礼屏風』に描かれています。七基の神輿を載せるために合計一四艚の船が必要で、各船に敷く板や櫓《ろ》などの船道具は、図のとおり、七浦の船小屋に分散してありました。これが、明治の神仏分離の後、明治七年（一八七四）頃に小辛崎浦（七本柳）の一カ所にまとめられたのです。

また以前は、七本柳から一路、唐崎へと向かう時に大太鼓と拍手に合わせて湖上で謡う「船謡《ふなうた》」がありました。唐崎沖までは、遅謡で、粟津御供《あわづごく》の神事がすむと、比叡辻の若宮神社の比《ひ》叡辻浦《えいつじ》まで競争しました。この時謡うのは早謡でした。七社の船にそれぞれ、遅謡五曲、早謡五曲がありました。

大正から昭和二十年頃までの古写真［103ページ参照］を見る

←七社神輿を載せた台船に接舷し、献納祭が始まる

唐崎沖で近づいてくる御供舟

と、大宮（西本宮）神輿だけは板を敷いてつないだ二艘の船に一基を載せていますが、二宮（東本宮）以下は二基ずつ神輿を載せています。

粟津《あわづ》の御供《ごく》献納祭

四月十四日　午後四時三十分頃

現在の御座船に載せられた七基の神輿は、七本柳の浜を離れて唐崎沖へ神幸していきます。タグボートに曳かれて二〇分ほどで唐崎沖に着きます。本来は唐崎の浜に着岸するのですが、水深が浅く現在の御座船では着岸が不可能なため沖で御供船を待ちます。唐崎浜に待機していた粟津の御供舟が、波に揺られながら沖へと進んで行きます。

やがて唐崎沖で出会い、七社神輿を載せた御座船に小舟（御供舟）が近づきます。接舷すると、小舟の舳先《へさき》上には七社の神輿に捧げる御供＝神への供え物が並んでいます。これらは膳所《ぜぜ》五社（後述）が各年交替で調達しているものです。

当番神社の宮司による祝詞奏上に続き、日吉大社の宮司による祝詞も奏上されます。終わると大御幣を立ったまま左、右、左と三回振ります。この奉幣がすむと、大御幣を台船に乗っている西本宮神輿の前を通じて七社神輿に供えます。そして、日吉大社宮司が御座船に乗り移ります。

役目をはたした御供舟が離れて行く時は、船上で互いに手と大扇を振り合います。続いて御供舟では、積んでいた七社分の

遠ざかってゆく御供舟

⬆大御幣は、御供舟の上の日吉大社宮司が３回振った後、御座船に渡され［右］、御座船の西本宮神輿に供えられる［左］

丹精をこめてつくられた粟津御供
供え終わると、惜しげもなく湖中
投供するのが慣わしである

七社分の御供が並べられた御供船。正方形の岩おこしのようなものが粟御供で、船人田中恒世が船上で大神に差し上げたというゆかりのメニューである

粟津の御供を次々と湖上に投げ入れていきます。初めて見ると驚かされますが、神に捧げたものが粗末になるからだとする説、琵琶湖の神に直接供えるのだという説などがあります。

七社の神輿を載せた御座船から、遠く小さくなってゆく御供舟を見つめていると、「粟津御供の神事が今年も無事に終わったな」という感慨が湧いてきます。しかし、実際には駕輿丁たちにはまだまだ作業が残っているのです。

七社の神輿を載せた御座船は、タグボートに曳かれて一路、比叡辻の若宮港へと向かいます。比叡山からの夕日をあびながら、船は進み、約三〇分で若宮港に着きます。すぐに粟津御供の神事で受け取った大御幣が神馬の役に渡され、一路、日吉大社の西本宮へ帰り、申《さる》の日の神事は終わります。

粟津の御供は神話の再現

なぜ唐崎沖でわざわざ神さまにお供えをするのでしょうか。これには西本宮創建に関わる長い歴史があります。西本宮の神・大己貴神の故郷は奈良県桜井市、三輪山《みわやま》（標高四六七メートル）の麓にある大神《おおみわ》神社（三輪明神）です。大和国一の宮である大神神社は、点々と変わった奈良の都の守護神として知られ、近江国へは天智《てんじ》天皇の開いた近江大津宮を守護するために、はるばるやって来たとされます。

大神はまず琵琶湖の八柳の浜に現れ、沖合でちょうど膳所の

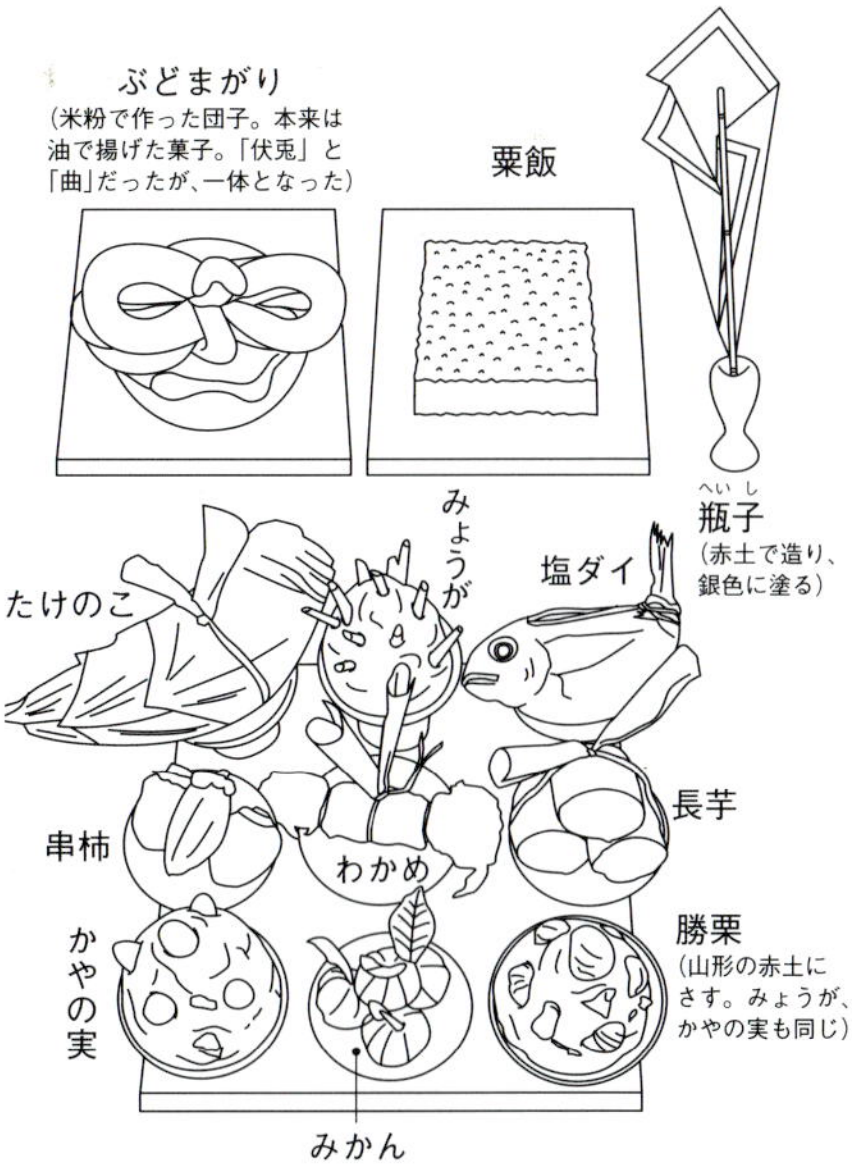

粟津の御供

漁師田中恒世《つねよ》の舟が通りかかりました。恒世は気高いお方と気づき、何かを差し上げようとしましたが、なにぶん舟の上で何もありません。ただ手をつけていない粟飯《あわめし》があることに気がつきました。雑穀の粟をまぜて炊いたご飯です。粗末なものなので恐縮しながら差し上げたところ、大神はとても喜びました。唐崎に着いた大神は琴御館宇志丸《ことのみたちうしまる》に、「年に一度、またあの粟飯を食べたい」とおっしゃいました。これが山王祭の粟津御供の始まりであり、神事の起源なのです。

そして、「どこかこの辺りに私がとどまるよい場所はないか」と尋ねられました。宇志丸は、「そういえば、琵琶湖の沖にい

山王祭スポット

唐崎《からさき》神社

琵琶湖岸にある日吉大社の摂社で、近江八景の一つ「唐崎の夜《や》雨」で知られる景勝地。日吉社社家の始祖とされる琴御館宇志丸《ことのみたちうしまるの》宿禰《すくね》が、六六三年、常陸国《ひたち》（茨城県）から近江に移り住み、この地を「唐崎」と名づけ、庭先に松を植えたのが「唐崎の松」の始まりと伝わります。神社は、六九七年に宇志丸の妻である女別当《わけまさひめ》を祭神として創建され、婦人の病気に霊験ありといわれ、現在も広く信仰を集めています。

七月二十八・二十九日に行われる「みたらし祭」は、夏の健康を祈願し、茅の輪くぐりやみたらし団子の奉納があります。

↑[上] 唐崎神社本殿と拝殿　[下] 唐崎の松

和田神社（大津市）

石坐神社（大津市）

粟津神社（大津市）

山王祭スポット

粟津《あわづ》神社と膳所《ぜぜ》五社

粟津神社は、もともとは中ノ庄村の亀屋という者の屋敷内に祀られていましたが、江戸時代初めに現在地へ遷座したとされます。祭神は大国主命《おおくにぬしのみこと》、大導寺《だいどうじ》田端介《たばたのすけ》、そして三輪明神の大神と琵琶湖の唐崎沖で出会った田中恒世の三神で、地元では「田端《たばた》さん」とも呼ばれます。現在は小さな祠《ほこら》があるだけで、境内は公園として利用されています。

以下は「膳所五社」と総称され、五月三日に一斉に春祭りの神輿を出します。

石坐《いわい》神社は、「延喜式」神名帳に記された古社で、旧西ノ庄村の村社です。祭神は天智天皇・大友皇子など四柱。鎌倉時代に建立された本殿は県指定文化財。

つも五色のさざ波の立つところがあります」と答えました。大神がそこへ出向くと、果たして五色のさざ波が立ち、その源を求めていったところ、琵琶湖から大宮川をさかのぼり、現在の西本宮の前で止まっていました。そこで大神は、ここが自分の永遠に鎮まる聖地と決めました。西本宮の誕生です。

粟津御供を支えた供御人《くごにん》

伝承に登場する「粟飯」の由来になったとされる粟津《あわづ》は、大津市の膳所から瀬田川の唐橋辺りまでをさし、平安時代末期から御厨《みくりや》があった地です。御厨とは、古代・中世においては天皇家や伊勢神宮・賀茂神社、そして日吉大社などへ神饌を調達する料地のことです。

天皇の飲食物を貢納した人々は供御人《くごにん》と呼ばれ、通行や交易上の特権や販売独占権を与えられました。粟津とは、そうした立場にある地域だったのです。

比叡山延暦寺の力を背景に巨大な権力をもっていた日吉大社への神饌を調達するという、漁師田中恒世以来の伝統である粟津御供は、日吉大神との強い関係を示す神事でした。裏返せば、この粟津御供を守り続けることによって、供御人としての特権は保障されたのでしょう。もちろん、現在の粟津の人々には何か具体的な見返りがあるわけではなく、純粋に祖先伝来の神事を継承しようとする思いから行われているものです。

若宮八幡神社（大津市）

篠津神社（大津市）

膳所神社（大津市）

和田神社は白鳳四年の創建と伝わり、祭神は高龗神《たかおかみのかみ》。鎌倉時代の装飾が残る一間社流造の本殿は国指定重要文化財。境内には樹齢六〇〇年以上とされるイチョウの古木があります。

膳所神社の祭神は、食物の神である豊受比売命《とようけひめのみこと》で、かつて御厨であったためとされます。旧所在地に膳所城二の丸が建てられたため、現在地に遷座。表門は、膳所城の城門を移築したもので、国指定重要文化財。膳所藩の本多家歴代藩主に信仰され、社殿の寄進などがありました。

篠津《しのつ》神社の祭神は、素盞嗚命《すさのおのみこと》。表門は、膳所城の北大手門を移築したもので国指定重要文化財。境内には樹齢四〇〇年と伝わるケヤキの巨木があります。

若宮八幡神社は、和田神社と同じ白鳳四年の創始と伝わります。表門は膳所城本丸の犬走門を移築したもので、市指定文化財です。

粟津地区は五地域に分かれ、それぞれの神社が交替で粟津御供を作っています。北から順に、石坐《いわい》神社（大津市西の庄）、和田神社（木下町）、膳所《ぜぜ》神社（膳所一丁目）、篠津《しのつ》神社（中庄一丁目）、若宮八幡神社（杉浦町）の五社で、その年にあたった神社では山王祭の七日前から粟津御供の準備がなされます。

中世には、まず頭屋の家廻りに申の紋（絵）幕を張り、前を通る商人や湖上交易の船荷、東路の粟津を通る荷物から神供料として一〇分の一を納めさせていました。

『近江名所図会《ずえ》』や『東海道名所図会』に描かれている粟津御供の湖上の神事のようすは、粟津御供の御座船の屋形上で猿衣装と猿面を付けた七人の子供が猿のまねをして動き回っているというものです。それ以外に、粟津御供の役員やそれを見物するたくさんの船もみられます。この猿衣装と猿面申の紋(絵)幕は今も残されています。

山王祭の申の日の粟津御供は、本来は膳所の総社で、田中恒世を祭神として祀る粟津神社（大津市中庄一丁目）が奉仕していましたが、時代による変遷を経て現在の姿になったようです。

また江戸時代の初め、膳所城ができてからは、膳所藩主から粟津御供の神供《じんく》料として毎年一〇石《こく》が与えられるようになりました。それまで粟津を通る荷物から神供料として一〇分の一を納めさせていた慣例が廃され、膳所藩主からの神供料が、明治二年（一八六九）の廃藩まで続いたとのことです。

山王祭メモ

神事船を務めた九カ浦

現在は台船に七社の神輿を全部載せていますが、江戸時代から明治までは二艘の船に一社の神輿を載せていました。日吉山王祭の神事船は、大津、松本、堅田《かたた》(以上大津市)、矢橋《やばせ》、山田(以上草津市)、大浦《おおうら》、塩津《しおつ》(以上長浜市西浅井町)、今津《いまづ》(高島市今津町)、海津《かいづ》(高島市マキノ町)の九カ浦が務めていたのです。

矢橋、山田(草津市)の両浦は一組で、御神事馬船として七艘の船を毎年山王祭に提供していました。矢橋浦は四艘で大宮(現西本宮)用、山田浦は三艘で二宮(現東本宮)用でした。一艘に、水主《かこ》と呼ばれる漕ぎ手が三人乗船しました。

祭りの一カ月前に、大津船奉行から日吉御神事神輿船割符《わっぷ》の廻状《かいじょう》が堅田に届き、廻状の中身を確認のあと今津の船年寄りへ送られます。北行する船がなかった場合、飛脚に持たせたとのことです。今津の次に海津、そして塩津へと廻状は送られます。提供する船の数は、今津、海津、塩津がいずれも四隻、大浦が二隻(堅田の西《にし》ノ切《きり》と一年置きの交替)と決まっていました。こうして、琵琶湖の北端から南端までの主要な港から船が調達されたのです。

廻状が回ってきたそれぞれの港の船は、遅くとも当日の四日前には大津に到着し、大津船奉行に着船が告げられました。それから各船道具小屋に行って神輿を乗せる準備をします。

神輿船の場合、荷が重いので、水主が一艘当たり二二人も乗り込み、それ以外に舵《かじ》取り二人、船大工台座(板)直し一人、高張(提灯)持ち四人、太鼓持ち二人、神輿直し八人が乗り込みました。また、湖北の港の船頭は下阪本沖の地形を十分知らないため、水先案内役として地元下阪本の各町船道具小屋の世話人二人が手配されました。

船数と類別

江戸時代までの必要な船は次のとおりでした。

神輿船一四隻、神馬《しんめ》船七隻、粟津御供船一隻、警護船一隻(石山鳥居川村)、船奉行船二隻、台所船松本浦八隻。このほか水主(漕ぎ手)を出す浦(港)には、木《こ》ノ浜《はま》(現守山市)、堅田(現大津市)がありました。

御座船・神輿船の割振りの記録によると、二宮船(東本宮)は堅田と大浦が一年交替で出し、それ以外の御座船・神輿船の担当は、くじ引きで決めていました。申《さる》の日(今は十四日)は大宮の祭であるのに、大宮神輿もくじを引く形になっています。堅田は西塔の管理地ですし、こうなっていた理由はわかりません。

なお船木《ふなき》、大溝《おおみぞ》(以上高島市)、八幡《はちまん》(近江八幡市)の三浦には負担はありませんでした。また、長浜浦(長浜市)、米原浦(米原市)、松原浦(彦根市)の三浦は、彦根藩に属したため除外されていました。

若宮港への帰途の競争

江戸時代、若宮港に一番に着岸した二宮(東本宮)の神輿船のようすも記録に

昭和初期の船渡御のようす。神事船２艘をつないで、この時代には樹下宮と三宮の神輿２基を載せている（日吉大社提供）

残されています。

一番に着岸した時は、山門（西塔）から御神酒《おみき》一斗《いっと》（約一八リットル）、堅田船年寄《としより》年番から御神酒一斗が褒美《ほうび》として出されました。このうち一斗を西ノ切、釣の漁師へ、また二升樽《しょうだる》（約三・六リットル）二つを両漁師年寄へ、ほかに五升樽を渡しました。「六升他浦につかいよし」と書かれています。

逆に、二宮（東本宮）の神輿船が一番になれなかった時は、三日間若宮港に留置の罰があったそうです。

ただし、一番に二宮（東本宮）の神輿船が着岸したとしても、上陸は一番が大宮（西本宮）で、二宮（東本宮）はその次にしかできませんでした。

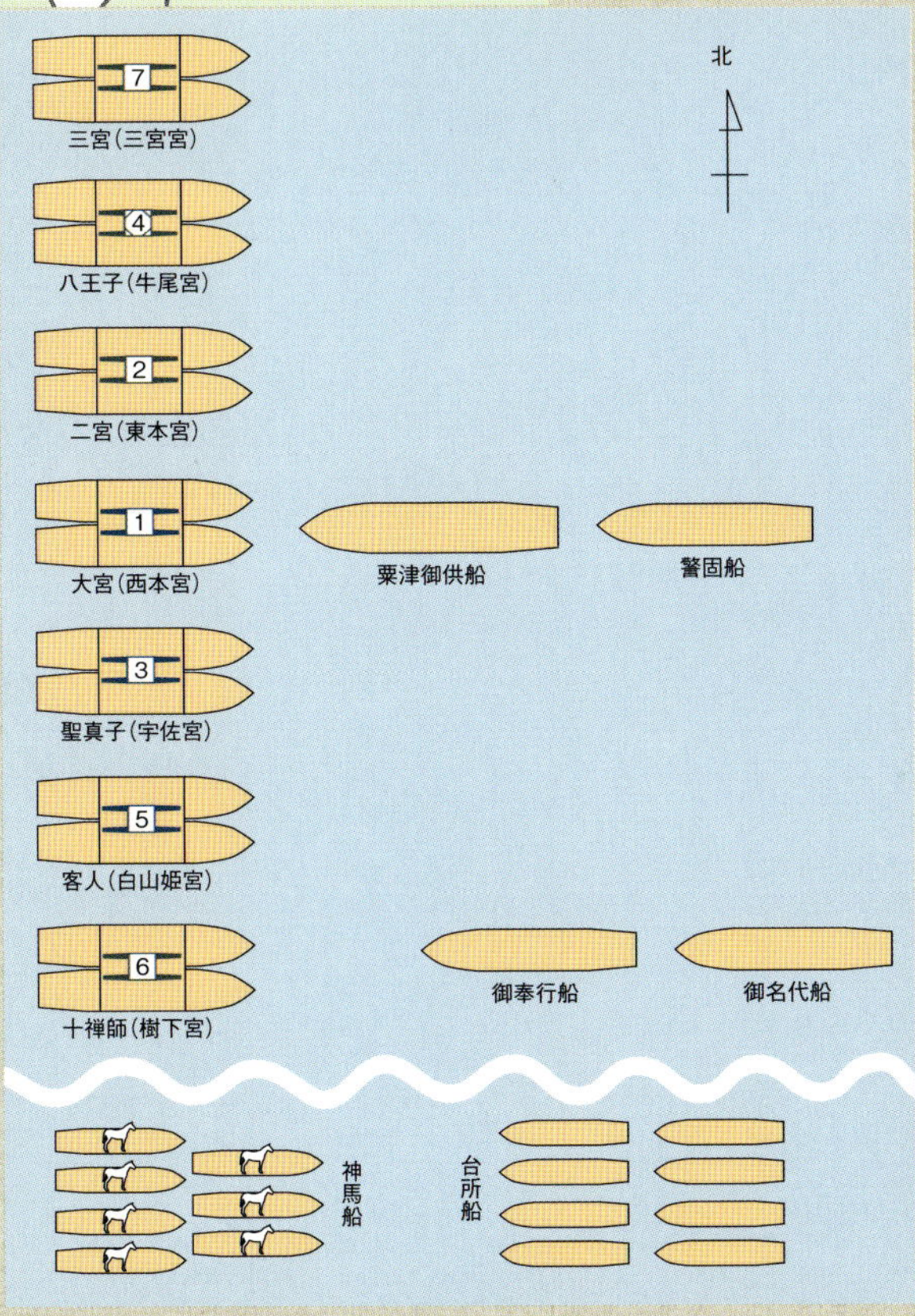

粟津御供における琵琶湖上での神輿船と御供船の並び

⬆湖上渡御を終え、若宮港に着いた御座船

➡大御幣を降ろし、神馬の車に運ぶ

神輿《しんよ》上陸・還御《かんぎょ》

四月十四日　午後五時頃

比叡辻の若宮港に着いた御座船は、御幣を先に降ろして神馬の車に移し終えると、すぐに日吉の本社に帰ります。

御座船から一番に西本宮神輿を担ぎおろします。以前は、比叡辻の辻にあった鳥居(今はない)に注連縄が張られていました。そして、轅《ながえ》が注連縄よりも前に出ないようにして、西本宮神輿を還御方向の西向きに置きます。それ以外の神輿は比叡辻の辻に北向きに並べて置かれ、地元の長老の拍子木《ひょうしぎ》を打つ合図で西本宮ほか六社の神輿の還御が始まります。

明治八年（一八七五）から昭和四十年（一九六五）頃まで下阪本の七本柳の浜に七社の神輿を担いで着き、神事のあと御座船に神輿を乗せ終わった上坂本の駕輿丁は、神輿が比叡辻の若宮港に着くまでには時間があるのでいったん自宅に帰ります。

この際、帰る道筋が決まっているので説明しておきます。七本柳から両社の辻、松ノ馬場を上がり、上下坂本の境の下にある駕輿丁道を北に歩き、坂本小学校の東側を通り、杉生《すぎお》神社前の明良《あきら》の下馬場に出て、杉生道（杉生町）から井神通りへ、新道から八条通りに出ます。駕輿丁は、道々で自宅に帰り、食事をとります。夕刻の時間になると各宮本に集まり、比叡辻の若宮港に出向きます。

明治からの記録を見ると、この間にもめ事がたびたび起こっ

山王祭メモ

琵琶湖底の神輿

琵琶湖には山王祭の神輿が沈んでいる――坂本では昔からこう言い伝えられてきました。七本柳から唐崎、あるいは比叡辻若宮までの間のどこかだといいます。二艘つないだ上に重い神輿を載せて湖上を進むのですから、過去に落下事故や沈没事故があってもおかしくはありません。

確かな記録はないのかと調べていたところ、日吉大社から次の教示を得ました。『官幣大社日吉神社大年表』に正保《しょうほう》元年（一六四四）四月二十二日に、客人宮（現在の白山神社）の神輿が湖中に落ち、二十数人が溺死《できし》したとあるのです。多くの人命を失い、地域にとって大きな痛手だったのでしょう。客人宮神輿の再建供養が執り行われたのは、一八四年後、文政十一年（一八二八）四月十三日のことです。

山王祭に関わる者は今後も忘れてはならない大事件です。

日が暮れ始めた日吉の馬場を、松明に囲まれながら還御する西本宮の神輿

ており、定刻には神輿の還御ができずに夜中に行われたり、一晩比叡辻に留め置かれたりしたこともあったようです。

また、平成二年（一九九〇）からは、西本宮神輿を比叡辻から福太夫《ふくだゆう》神社まで担ぎ、残りの六社の神輿は車に乗せて坂本町内を回る形に変更されました。その間、西本宮は六社の神輿が還ってくるまで、留め置かれます。六社の神輿が還って来ると、七社がそろって還御しますが、駕輿丁の人数が少なくなり、単独で一基を担ぐことが難しくなりました。

翌平成三年からは担ぐ場所を四駕輿丁別に分けて、西本宮の神輿だけの還御を行っています。その後、神輿は日吉大社の各神輿庫に納まり、来年まで、神輿庫の扉が開けられることはありません。

昭和三十代頃までの神輿の還御は、肩で担いで本社に帰りました。八王子山の急な登り口に、牛尾宮と三宮の仮屋があり、ここへ納めるのが一番きつかったそうです。わずか二〇メートルたらずですが、段差の大きい石段なので、「ほんまに、しんどかったぜ」と現在七十五、六歳の方々は口をそろえます。現在は脇から車道が作られたので、楽になりました。筆者らの世代も、先輩から「弱い肩やなあ。もっとしっかり担げ」と怒鳴られましたが、さらに若い世代はどんどん弱くなる一方です。これは、仕事や生活の中で重い物を担ぐ場面がすっかりなくなったのですから仕方ありません。

山王祭の
絵画
史料

「日吉山王祭礼絵巻」

日吉大社蔵の絵巻で、表題には「日吉祭礼古図」と書かれていますが、通称「日吉山王祭礼絵巻」と呼ばれてきました。文政五年（一八二二）に製作された絵図（滋賀県立琵琶湖文化館蔵）が原本で、昭和十七年にそれを忠実に書写したものです。長さは二二メートルにおよび、神事の各場面が要所を押さえながら描かれています。古儀のようす、とくに神仏分離以前の儀礼を知ることができ貴重です。例えば、山王寺僧や宮《みや》仕公人《じくにん》による奉仕など、現在では見ることのできない神仏習合の姿がわかります。

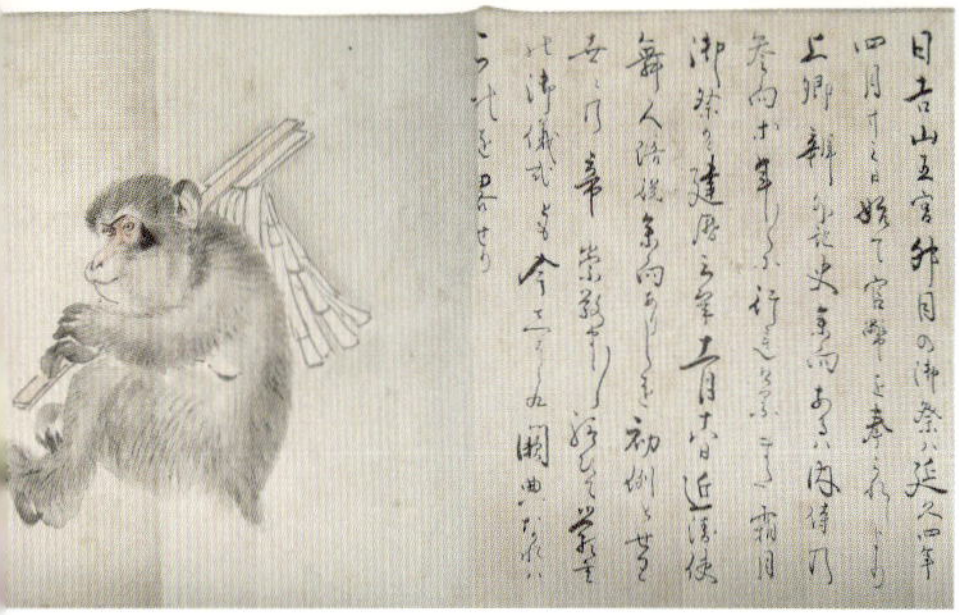

⬆絵巻冒頭に描かれている御幣を持った猿は、日吉の神そのものを表している

⬅大榊を伐る直木ノ神事

⬆［右］大政所に神輿の輿入れ
［左］大政所「宵宮」（夜宮）。四社の神輿の前で田楽を奉仕する

⬅末日、京都室町日吉社からの御供を大宮に供える。受け取る八乙女、今は見られない山王寺僧が参加している

⬆申日、未刻に日吉社へ行列をしている神職の列。乗馬しているのは、日吉社の生源寺・樹下神職

⬅大榊の還御の一行が、鉾《ほこ》を先頭に日吉馬場を進む。現在は子供が多数加わっているが、ここで描かれている担ぎ手は大人ばかりである

⬇［左右とも］甲冑を着た公人が見物人から冷やかされたことに腹を立て、刀を抜いて追いかけたり、馬乗りになってこらしてめている。謝っている見物人。こうした場面もよく見られた

⬆申日の大宮拝殿の神輿の拝殿出し。まず大宮神輿を出し、ついで二宮神輿に取りかかる

坂本の旧家に伝わる山王祭礼屏風。下の写真はもう一隻

「山王祭礼貼り絵屏風」

一般に「日吉山王祭礼図（屏風）」として知られている江戸時代の美術作品は、右隻《せき》に境内を進む七基の神輿、あるいは大榊還御、左隻に船渡御を描いて一双《そう》としたものです。海北友雪《かいほうゆうせつ》の作品（泉屋博古館《せんおくはくこかん》所蔵）のように、公開されれば展覧会の目玉となるような名品もあります。

ここでは、これまで地元以外では余り目にふれることのなかった三六枚の貼り絵を施した六曲一双の屏風を紹介します。延暦寺の僧侶が祭を見物するため桟敷《さじき》に入る場面の他は、ほぼ現在行われている日吉山王祭と同じ場面が見られます。

幕末頃の作と思われ、大津市内に原本とみられる屏風も伝わります。作者は不明ですが、山王祭の最初にあたるお輿上げから神馬《しんめ》に御幣を乗せての還御まで、三六の場面が細かなところまで正確に描かれており、山王祭を熟知した絵師の手によるものでしょう。その史料価値はたいへん高いといえます。

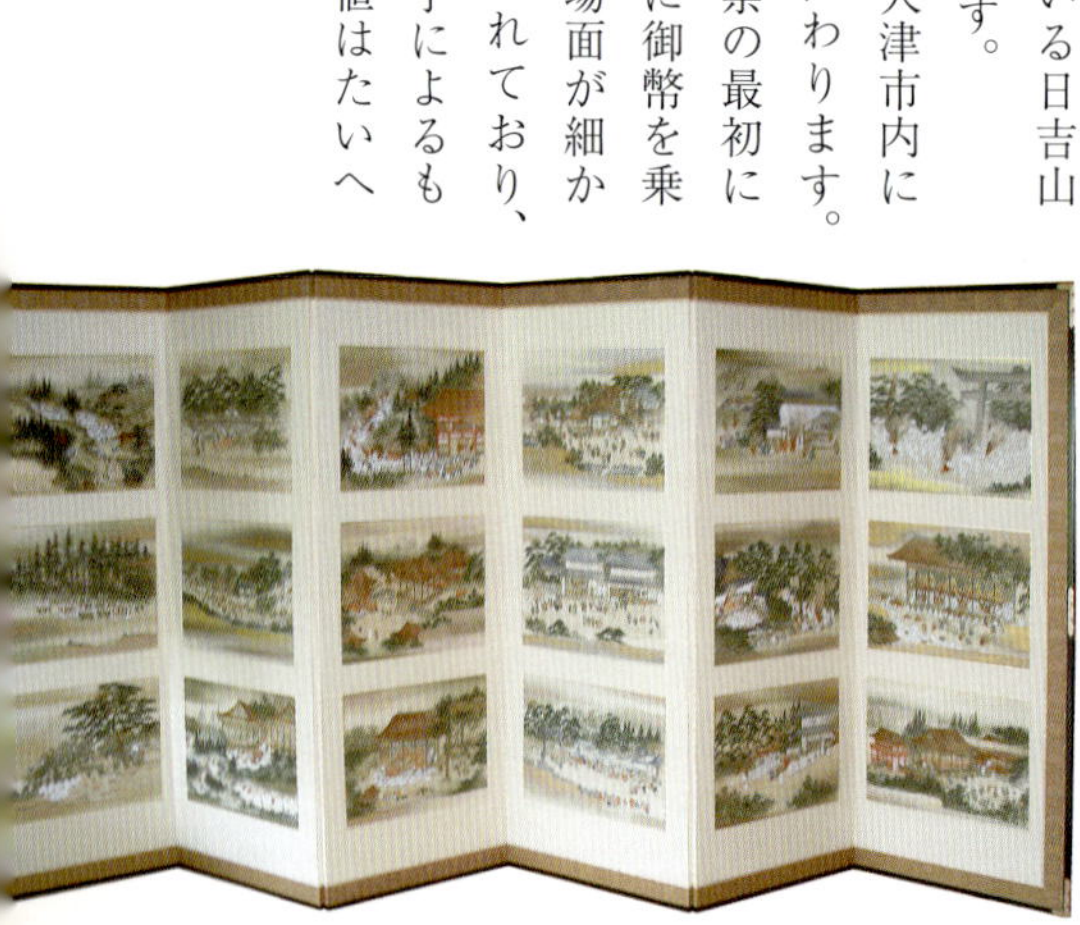

⬅午ノ神事で、東塔・西谷の学頭代里坊「円教院」で八王子神輿の肩揃えを行っている。右側の東塔・北谷の学頭代里坊「恵光院」でも三宮神輿の肩揃えをしている

➡午ノ神事で八王子山にある奥宮、八王子社（右）と三宮（左）で、三宮神輿が先に出御している八王子神輿に追いつこうとしている

⬅末日、京都室町日吉社の末の御供献納祭に奉仕する八乙女が日吉馬場を進む

➡末日の宵宮落しで、四社の神輿前で松明に照らされて獅子舞が舞う。近江名所図会と比べて神輿の黒棒の位置と甲冑の人の有無などの違いがある

➡申日の大宮の祭礼では、ハレ日として坂本町内に赤色のさらしを飾った竹笹が何本も立てられた。腰にまで巻いて酒樽を運ぶ姿もみえる

⬅申日、日吉馬場の行列を見物するために、桟敷（物見小屋）に入っていく延暦寺一山の僧たち。正面の板戸が内側に開くようになっているこの建物は、昭和40年代まで赤鳥居のそばに残っていた

➡申日、大宮拝殿の神輿の拝殿出しで大宮神輿が担ぎ出て、次の二宮神輿を担ぐため、拝殿の中は入り乱れている

⬅申日、唐崎社沖の粟津御供献納祭。七社の神輿の御座船と対面しているのが御供船。膳所から運ばれてきた年一度の御供だ

『近江名所図会《ずえ》』

秋里《あきざと》籬島《りとう》・秦石田《はたせきでん》の著、蔀関月《しとみかんげつ》・西村中和《ちゅうわ》画の『近江名所図会』は、文化十二年（一八一五）刊行の近江国の絵入り地誌です。既刊の『伊勢参宮名所図会』『木曾路《きそじ》名所図会』『廿四輩《にじゅうよはい》順拝図会』の三書から近江に関する部分を抜粋して作られました。

全体を通した不整合や湖北地域の記述がないことなどの欠点が指摘されていますが、日吉山王社とその祭礼の項は三〇ページにおよび、船渡御までの祭礼のようすが詳しく紹介されており、貴重な史料です。

⬆東海道の粟津で行われた旅人からの供御料の徴収。膳所と粟津の５カ所では、山王祭前の７日間、内頭屋に猿の幕を張り、行き来する商人から10分の１を初穂として得た

⬆宵宮の夜、駕輿丁が松明を照らして町内の神社をめぐる

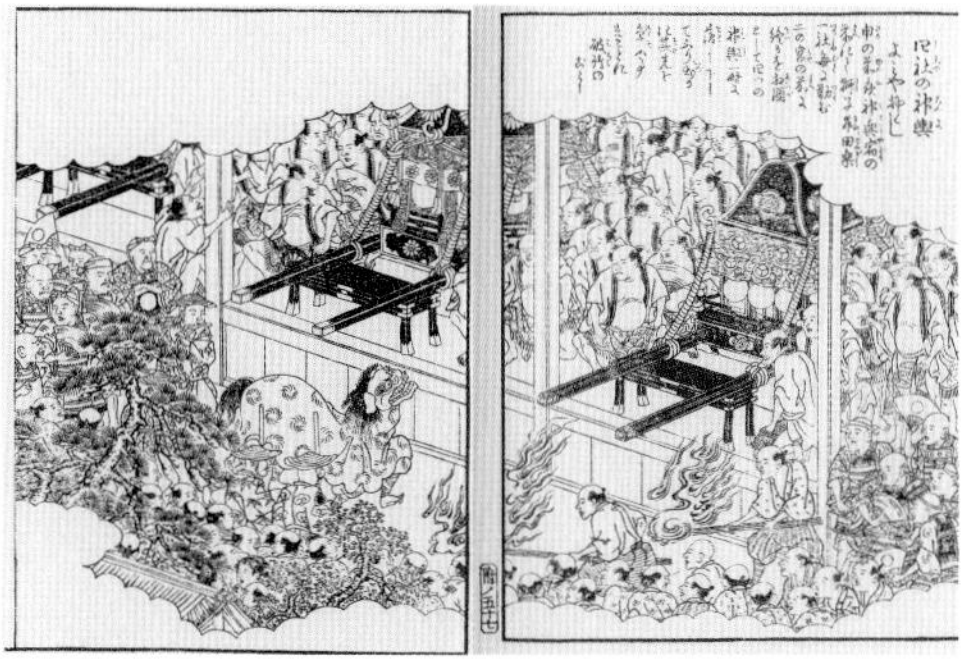

⬆宵宮落しに先立ち、四社の神輿前で松明を照らされて獅子舞が奉納される

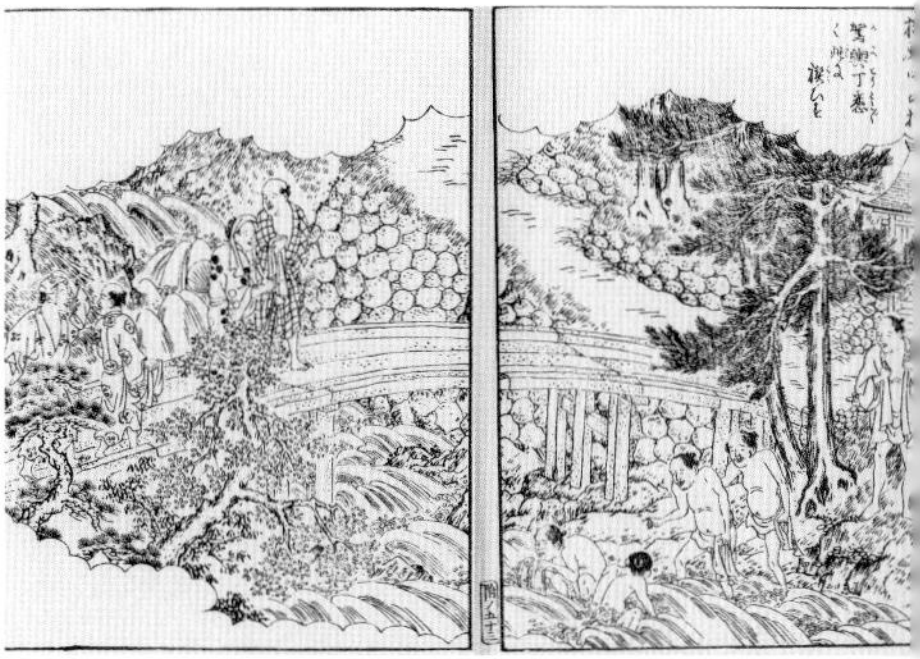

⬆大宮川で禊を行う駕輿丁たち。午ノ神事の日、里坊で肩揃えし、奥宮に行く前に走井橋の下で身を清めた。近年、この図をもとに復活した

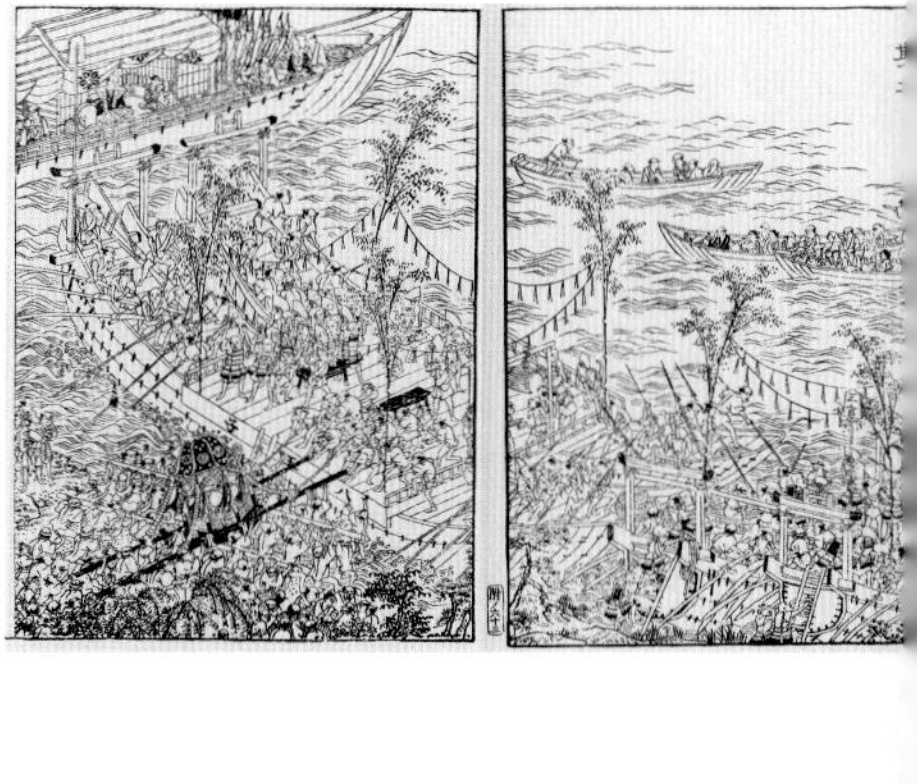

➡14日、申の日。湖上渡御に向かうため、七本柳で七社神輿を御座船に乗せる。八王子（牛尾）神輿が描かれている

（以上５点とも臨川書店発行『近江名所図会〈版木地誌大系13〉』より）

山王祭メモ

忘れられたもう一つの聖地

巻頭でも述べた『古事記』に記される「大山咋神」の鎮座する山について現在では、坂本の町から仰ぎ見ることのできる八王子山《はちおうじやま》（別名牛尾山《うしお》）だとする説が通説となっています。

　ところが、日吉大社に関する記録をみていくと、その背後の県境近くにもう一つの神体山が古代から信仰の対象となっていたことが記録されています。

「山上山下巡拝絵巻」には、八王子山とは別の山に「小比叡山《おびえい》・波母山《はもやま》」とあり、「二宮権現」も描かれています。これは、横《よ》川《かわ》方面にある垂釣岩《たるつり》（通称鯛釣岩《たいつり》）付近の山中のことで、今も回峯行者《かいほうぎょうじゃ》に尋ねると、「お山（比叡山）の伝えはここだ」とおっしゃいます。

　横高山《よこたかやま》（標高七六七メートル）の中腹で、延暦寺では西塔《さいとう》に属し、奥比叡ドライブウェイのゲートから約二キロ、日吉大社境内を流れる大宮川の水源にもあたります。回峯行者も必ず拝む磐座《いわくら》である垂釣岩があり、その上の棚地にある神社跡に石碑が建立されているのですが、残念なことに、現在は両者の間をドライブウェイが貫通してしまっており、この聖地を分断しています。

⬆「山上山下巡拝絵巻」に描かれた「垂釣岩」と「二宮権現」

⬅「二宮権現」跡と考えられる棚地に立つ石碑
⬇［左］神社跡の棚地の下を南北に横切る奥比叡ドライブウェイ　［右］その下方に今も残る「垂釣岩」

第四章 おさめの祭

山・湖《うみ》・里を駆けぬけた山王神輿も、昨晩つつがなく納まり、眠りにつきました。駕輿丁たちも安らぎと疲労の静けさの中にあるでしょう。

しかし、祭はまだ終わりません。四月十五日朝、神職・山王祭役員たちが境内の神々すべてを巡拝します。一年一度の大祭を無事に終えた神恩感謝の思いをこめて笏拍子《しゃくびょうし》をパシッパシッと打つ音が境内に響きます。

山王祭が無事終わったことを感謝しつつ、境内のすべての神々を拝みめぐる（宇佐宮前付近）

東本宮の西南庭で神歌を詠う神職

山王祭委員長らにも
桂の小枝が渡される

東本宮浜床で一列に並ぶ神職たち

酉《とり》の神事

四月十五日　午前十時

祭礼最終日に行われるのは、酉の神事です。午前十時、社務所の前で神職、山王祭委員長と会長が対面し、一礼のあと東本宮へしずしずと進んでいきます。東本宮境内に入り、本殿浜床に一列に列立します。ここで桂《かつら》の小枝を受け取り、烏帽子《えぼし》の左に差します。

やがて、神職一名が亀井ノ水あたりに立ち、八王子山（牛尾山）に向いて神歌を三回奏上します。次いで笏拍子《しゃくびょうし》*を二回鳴らし、元の位置に戻ります。一礼の後、再び列を整えて境内の巡拝が始まります。樹下《じゅげ》宮の前を通り、楼門を出ます。

東本宮の参道を下がり、宵宮道を上って白山宮本殿から宇佐宮本殿へとつづきます。聞こえるのは、浅沓《あさぐつ》の音と鳥の鳴き声だけです。ところどころで笏拍子を鳴らす音が、新緑の境内に響きわたり、心が洗われます。

宇佐宮の境内を抜け、春日《かすが》岡（社務所前）から西本宮の楼門前に出ます。楼門の左側には、JR湖西線の蓬莱《ほうらい》駅前（大津市八屋戸《はちやど》）にある八所《はっしょ》神社の役員が、この後に行われる船路《ふなじ》御供献納のために待機しており、列の後ろに加わります。現在は東本宮にも参列され、行列に加わっておられるそうです。

宮司は、西本宮大床に座ります。すると神職一名が拝殿に上り、本殿に向き神歌をここでも三回奏上、笏拍子を二回鳴らし

➡境内巡拝は社殿ばかりでなく、参道脇の磐座《いわくら》でも笏拍子を打って拝んでゆく
⬇酉の神事。境内を巡拝する神職たち

山王祭最後の神事、酉の神事で西本宮拝殿上で神歌を詠み、御礼の意を示す

西本宮本殿で行われる
船路御供献納祭

山王祭スポット

八所《はっしょ》神社

八所神社は大津市（旧志賀町）八屋戸《はちやど》（明治七年以前の北船路《きたふなじ》村）のJR湖西線蓬莱駅前に鎮座しています。氏子は北隣の木戸《きど》地区にある十禅寺権現（現、樹下神社）の氏子で、樹下神社祭りに参加し、地区内に八所神社を祀っています。

元亀二年（一五七一）織田信長の比叡山焼き討ちにより、日吉社も焼けた際、社家の祝部《はふりべ》行丸《ゆきまる》は逃れて、しばらく北船路村に留まったため、日吉上七社を勧請して祀ったことに始まるとされています。境内には行丸の墓と伝わる社があり、湖岸にも行丸の墓と伝わる地蔵が祀られています。

て、西の神事は終わります。

船《ふな》路《じ》御《ご》供《く》献納祭

四月十五日　午前十時三十分

続いて行われるのは、船路御供献納祭です。これは上記の八所神社で記したように、信長による焼き討ち後の日吉社再建の功労者行丸との関わりが深い神社であることから行われてきました。

八所神社の役員は、西本宮の浜床東で西向きに座ります。本殿への献饌《けんせん》の儀が始まります。神職が祝詞を浜床で奏上、八所神社の役員から玉串を受け取って拝礼、役員も拝礼して式は終わります。

これをもって、長い長い二カ月半に及ぶ山王祭の全神事は終了です。華やかな山王祭のために、山王祭実行委員会役員や各駕輿丁は、二月から四月の中ごろまでのすべての週末を山王祭の準備、打ち合わせ、そして行事の時間に費やします。裏方も表舞台に出る者も、すべては「神さんごと」といって互いに協力し合い、執り行うのが山王祭の伝統なのです。

直会《なおらい》―飲み食いの山王祭

山王祭に欠かせないのがいろいろな料理です。まず、かしわ（鶏肉）のすき焼き、鮒《ふな》ずし、子持ち鮒の刺身、鯖《さば》ずし、巻きずし、いなりずし、ちらしずし、野菜の煮物、サラダ…などなど。こ

本殿への献饌の儀

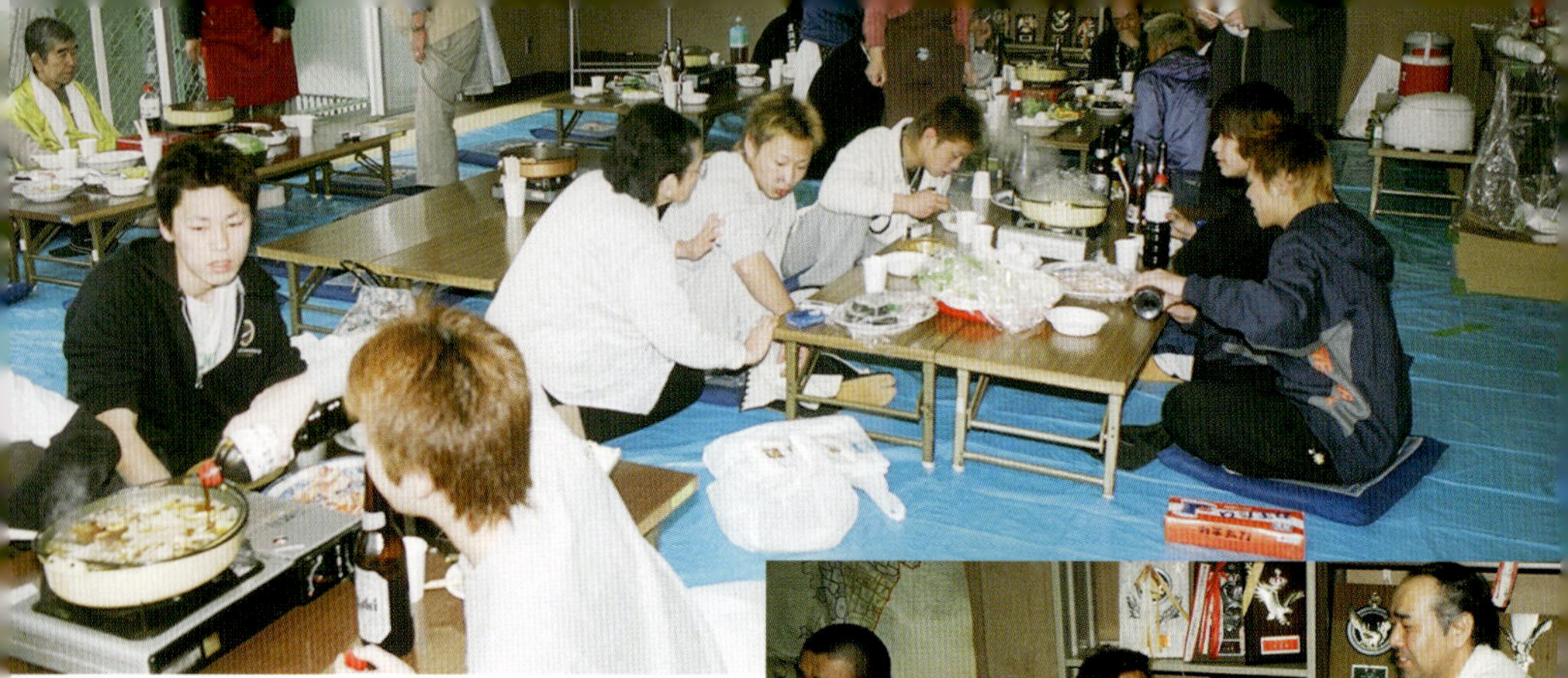

⬆➡日吉山王祭の定番メニューは、かしわのすき焼き

日吉山王祭所役の家

山王祭実行委員長の家	1人
12日の午ノ神事の鼻の家	4人
12日の夜の神事奉行「鈴振りの役」の家	1人
13日の花渡りの家	10軒程度
13日の宵宮の鼻の家	8人
13日の宵宮の飛びの家	8人

れら料理をこしらえるのは、ほとんど女性の仕事です。

まず、四月十二日の午《うま》ノ神事《じんじ》に駕輿丁から選ばれた鼻の役の家では宴会です。早ければ九日の夜は勤め先の同僚、十日は友達と近所の友達、十一日は親戚や近所の旦那さん、そして、本番の十二日の午ノ神事では、朝から親戚や近所の旦那さんたちがかしわのすき焼きを食べて酒を飲んでいます。

この間、親戚や近所の応援を加えた女性たちは、駕輿丁の到着に備えてテーブルの数や鍋の準備に忙しく働きます。十二日の一日だけで、かしわ二〇羽、鯖ずし五〇本、巻きずし五〇本、鮒ずし適当、他の料理も出します。鼻の人の家では、約五日間の間にかしわ六〇羽、鯖ずし二〇〇本余り、巻きずし三〇〇本余りを食べます。他の山王祭の役の家でも宴会が続きます。

祭りの間は来客者をこばまないことになっており、それぞれの家ではかなりの出費となります。一方で、山王祭の役の家には祝いとして酒やビールが届けられます。この量も相当で、一年や二年では飲みきれないほどです。上坂本と下阪本の家々での総量となると、見当もつきません。

なお、山王祭の関係者はもちろん、坂本の住民は祭りの期間中、牛肉のすき焼きを食べません。祭りの前から食べない習慣です。日吉大社の奥宮の一つに牛尾神社があり、牛尾神社拝殿の牛御子《うしみこ》社には牛を祀っているからとされています。

山王祭メモ

休む間もなく「坂本総祭り」

坂本では、日吉山王祭が終わると、休む間もなく「総祭り」が五月三日に行われます（現在は二日に行われるところもあります）。これは、上坂本に二一社、下阪本に一一社ある氏子を持つ日吉大社の末社がほぼ一斉に行うものです。

上坂本二一社と下阪本八社では神輿も所有しているので、三日の昼過ぎには、神輿同士が街の至る所で鉢合わせをしています。

神輿とともに、湖の幸、山の幸を用いた神様への献饌も作られつづけており、神事が終われば、お下がりとして氏子に配られます。

榊宮社《さかきのみやしゃ》をはじめ、上坂本にある神社では、神輿を里坊や滋賀院門跡《しがいんもんぜき》に担いでいき、それぞれ僧侶から献酒を受け、般若《はんにゃ》心経《しんぎょう》をあげてもらいます。珍しい神仏習合の姿です。

午ノ神事さながらに、神輿が急な石段を下って出御する神社もあります。坂本に生まれ育った子供にとっての総祭りは、神輿の前や後ろについて回りながら、大人になって日吉山王祭の神輿を担ぐ日を夢見る場でもあります。

[上から順に]
①坂本にある氏子の神社がそれぞれに祭りを行う坂本総祭りの日の町内。手前の献饌の一行と、奥の神輿は、神社が異なる
②倉園神社の神輿に献饌する稚児（女子）の頭上には、神社の役員が御供を高く掲げて歩く
③滋賀院門跡で僧侶の読経を受ける榊宮社の神輿
④下野天神社の石段を下る神輿の出御

山王祭日程表（平成22年）［中部駕輿丁委員長番］

■…見学可能な行事

月日	祭典と諸行事	祭場・場所	時間	備考
1月17日(日)	実行委員会	社務所2F	午前11時	新旧合同役員会
1月25日(月)	初寄	日吉会館	午後7時30分	
2月7日(日)	実行委員会	社務所2F	午前・午後7時	引継ぎ後、第1回目
2月15日(月)	2月自治定例会	坂本市民センター	午後7時30分	新役員挨拶、協賛依頼
2月16日(火)		下坂本市民センター	午後7時30分	
2月20日(土)		日吉台市民センター	午後7時30分	
2月21日(日)	鈴縄巻き（実行委員会）	牛尾宮・三宮宮・東本宮・樹下宮（集合・仮屋前）	午前9時～	鈴縄巻き後2回目実行委員会（各日程・準備等について）
2月下旬	各所挨拶回り	市内各所		2月下旬　委員長・会長・事務局長
3月7日(日)	お輿上げ（実行委員会）	委嘱状伝達式	午後9時	お輿上げ後3回目実行委員会（集合・仮屋前）
		牛尾宮・三宮宮・仮屋前出発	午前10時	
3月下旬	防火会議	社務所2F	夕刻	
3月上旬	警備会議	社務所2F	夕刻	
3月中旬	3月自治定例会	坂本市民センター	昼間	新自治会長への諸連絡、襷渡し
3月21日(日)［3月22日(祝)］	桟敷組［予告看板設置］（実行委員会）	各所（集合・社務所前）	午前9時	桟敷組後4回目実行委員会［3月22日(祝)＝予備日］
3月27日(土)	直木神事	榊切出→那波加荒魂神社	午前10時	委員長同行
	真榊神事	那波加荒魂神社～広芝	午後6時30分	実行委員会役員
3月30日(火)	おいで神事	広芝～日吉大社	午後7時	実行委員会役員
3月下旬～4月上旬	協賛依頼	社務所集合	午前9時	委員長・会長・勘定奉行・事務局長
4月2日(金)	肩組	日吉会館	午後7時30分	
4月3日(土)	大榊神事	西本宮～天孫神社	午後7時	実行委員会役員
4月上旬	消防ホース上げ他	仮屋前～奥宮	午前9時～	
4月4日(日)	花渡り式抽選（実行委員会）	東本宮	午前10時	役員は午前9時社務所前集合
		社務所2F	抽選終了後	5回目実行委員会
4月11日(日)	事前準備	各所	午前9時	社務所前9時集合
4月12日(月)［午］	禊神事	大宮川（禊所）	午前8時	実行委員会役員・駕輿丁
	清祓い	走井の祓所	午前10時	役員は午前9時30分社務所前集合

4月13日(火)[未]	午ノ神事	各駕輿丁~読み上げ場~奥宮~東本宮拝殿	読み上げ~拝殿 午後7時頃~9時頃	町内回り 各駕輿丁にて決定
	神輿出し神事	西本宮・宇佐宮・白山宮	午前9時	3社の神輿を西本宮拝殿へ
	神輿入れ神事	東本宮~宵宮場	午前9時30分	4社の神輿を宵宮場まで
	献茶式	宵宮場	午前11時	4社の神輿に日吉茶園の茶を献ず
	花渡り式	参道~宵宮場~西本宮	午後1時	稚児と甲冑武者行列
	未の御供献納祭	宵宮場・西本宮	午後3時~5時	仏光寺の日吉神社から奉納
	宵宮落し神事	各駕輿丁~読み上げ場~宵宮場~西本宮拝殿	読み上げ~拝殿 午後7時頃~9時頃	上賀茂大神御出現の神事
4月14日(水)[申]	例祭	東本宮	午前8時30分	東本宮より境内各社を巡拝
		西本宮	午前10時	天台座主による五色奉幣等
	御浦神事	〃	午後12時	神馬の渡御
	大榊還御	〃	午後12時	大榊が天孫神社から還御
	拝殿出し神事	〃	午後1時30分頃	7社の神輿を拝殿より楼門前に遷す
	神輿神幸	西本宮~参道~下阪本町内	午後2時30分頃	7社の神輿が楼門前から出発
	船渡御	七本柳~湖上	午後4時頃	7社の神輿が七本柳から湖上へ
	粟津の御供献納祭	唐崎沖(湖上)	午後4時30分頃	膳所五社による御供を湖上にて献上
	神輿上陸・還御	若宮港~若宮神社~日吉大社	午後5時頃~	町内を7社の神輿が巡行後各神輿庫へ
4月15日(木)[酉]	後片付け	各所(集合・社務所前)	午前9時~	各駕輿丁担当箇所[備品回収]
	酉の神事	東本宮より各社	午前10時	祭礼終了の御礼巡拝
	船路御供献納祭	西本宮	午前10時30分	八屋戸鎮座の八所神社氏子中から御供献上
4月15日(土)	消防ホース他片付け	境内及び奥宮	午前9時~	社務所前9時集合
4月中旬	実行委員会	社務所2F	午後7時	反省会・各自治会挨拶日決定他
5月15日(土)	5月自治定例会	日吉台市民センター	午後7時30分	御礼挨拶
5月17日(月)		坂本市民センター	午後7時30分	
5月18日(火)		下坂本市民センター	午後7時30分	
6月19日(土)	6月自治定例会	日吉台市民センター	午後7時30分	決算報告
6月21日(月)		坂本市民センター	午後7時30分	
6月22日(火)		下坂本市民センター	午後7時30分	

祭礼用語ミニ辞典

【あくしゃ】**幄舎**　神事や儀式などを行なうために設けられる仮の建物。素屋根に柱だけで、壁にあたる部分は幕を張られることが多い。

【あさぐつ】**浅沓**　官人や神職が正装するときに用いる木製の沓で、黒漆が塗られている。

【あらみたま】**荒魂**　荒々しく勇猛な神霊。

【あん】**案**　神事で祭具やお供え物をのせる台で、多くは素木《しらき》が用いられ、漆を塗ったものは塗り案と称する。

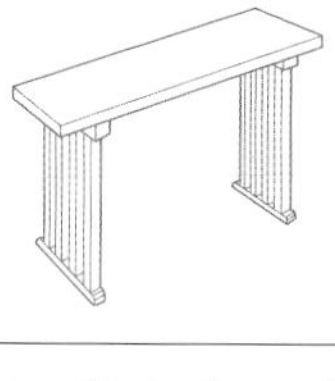

【いわくら】**磐座**　自然の岩・石に神を祀るもので、古代祭祀の古い姿を伝える。

【おおぬさ】**大麻**　神事に先立ち行われるハライ、清めに用いられる祓い串。素木《しらき》の棒串に紙垂《しで》や麻を垂らしたものが一般的。ハライ・清める相手に対して左・右・左と神職がお祓いをする祭具。

【かつら】**桂**　カツラ科の落葉高木。山地に自生し、山王祭や賀茂社の葵祭に神のしるしとして用いられる神木。

【かなぼう】**金棒**　山王祭では金棒曳きと呼ばれる。二メートル前後の金属棒で、頭部に金輪、先端が細い。山王祭の座主や、花渡りの稚児の警護役の持ち物として欠かせない。警護役はこれを斜めにチャリンチャリンと地面を打ちながら、見物人を威圧し行列を守る。

【かみうた】**神歌**　神事において様々な場面で歌われ、神の来歴、神徳をたたえる内容である。

【かよちょう】**駕輿丁**　神輿や天皇の鳳輦の担ぎ手のこと。

【からびつ】**唐櫃**　未の御供などのお供えや神宝、宝物、神服などを納めたり、運ぶときに用いられる木製の櫃。

【きりぬさ】**切麻**　和紙を一センチ四方ほどに切ったものに、麻を細かく切り刻んだものを混ぜ、お祓い行事で散布してその場を清める。

【けいひつ】**警蹕**　神殿の扉を開けるとき、神の降臨を願うとき、あるいは神が乗り物に乗ってお出ましになる時に、神職が発するオォーという声。

【げじん】**外陣**　神殿の内部が二つに仕切られ、奥の御神体を祀る間を内陣、外側の間を外陣という。

【ごへい】**御幣**　神前で用いられる紙の細工でつくる神のしるし。神前で立てたり、幣串を手に振ったりして用いる。

【さいもん】**祭文**　一般的に、神に奏上する詞で平易な現代文で書かれたものを祭文、大和言葉でかかれたものが祝詞である。ただ祝詞でありながら、山王祭奉行のように祭文と称するときもある。

【さかき】**榊**　ツバキ科の常緑小高木。関東以西の山林に自生。神の木と書くように神事用によくつかわれる。玉串、神をむかえるヒモロギなど。

【さんこん】**三献**　中世以降の酒宴の礼法。一献・二献・三献と酒《しゅ》肴《こう》の膳を三度変え、そのたびに大・中・小の杯で一杯ずつ繰り返し、九杯の酒をすすめるもの。

【さんだわら】**桟俵**　米俵の両端にあてる丸い藁のふた。

【さんぼう】**三方**　「さんぼう」とも。前と左右の三方に穴をあけた台を方形の折敷《おしき》につけたもの。檜《ひのき》の白木製が一般的。

【しじ】**榻**　御所車の轅《ながえ》を置く台のこと。日吉大社周辺では、「しんぎ」と呼んでいる。［神輿］の図参照。

【しで】**紙垂**　玉串や注連縄になどにつけて垂らす紙。

【しゃく】**笏**　神職が神事のとき持つ細長い板。櫟《いちい》かヒノキが用いられる。縦に半分に割ると、楽器の笏拍子となる。

【じょうえ】**浄衣**　神事に際して神職が着用する純白の装束。

【しょうまん】**小満**　駕輿丁たちがそろっているか点呼をする役。受け手の駕輿丁は「そろうてござる」と返答する。

【しんかん】**宸翰**　天皇自筆の文書。

【しんこう】**神幸**　神が神輿などに移られ、外にお出ましになること。

【しんせん】**神饌**　神前に供える酒食。通常、稲・米・酒・鳥獣・魚介・果実・野菜・塩・水などを用いる。粟津の御供や未の御供など特別なものもある。

【せっしゃ】**摂社**　本社に付属し、

その祭神と縁故の深い神を祀った神社。

【たかはりちょうちん】高張提灯　長い竿の先につけて高く掲げる提灯。祝儀・不祝儀・祭礼・非常時などに用いた。

【たとうがみ】畳紙　「たたみがみ」の音変化。折り畳んで懐中に入れ、笏やメモ書をはさむ。祭事、儀式用の懐紙《かいし》。

【つゆはらい】露払い　神事列、仏事の行道列、そして花渡りの稚児列を守るため、先頭を進み警護する役。

【てっせん】撤饌　神前の供物を下げること。

【なおらい】直会　祭事が終わって後、供え物の神酒・神饌を下げて酒食する宴。

【ながえ】轅　牛車や神輿の前方に長く突き出ている二本の棒。［神輿］の図参照。

【にぎみたま】和魂　柔和な徳を備えた神霊。

【ねぎ】禰宜　神社で、宮司・権宮司を補佐する職。

【のりと】祝詞　神社など神の前で申し上げる詞で、奉書《ほうしょ》（儀礼、公式用の紙）に墨書きしたものを読み上げる。

【ほうおう】鳳凰　古代中国で、麟《りん》・亀・竜とともに四端として尊ばれた想像上の霊鳥。

【ほこ】鉾　両刃の剣に柄をつけた武器。後には実用性を失い、呪力をもつものとして宗教儀礼の用具とされた。

【まんだら】曼荼羅　仏・菩薩・神などを体系的に配列して図示したもの。日吉山王社では、延暦寺との関係で山王曼荼羅が生まれた。

【みこし（しんよ）】神輿　神幸の時、神霊の乗り物とされる輿。［下図参照］。

【やおとめ】八乙女　神事に奉仕する八人の少女。また、神楽を奏する少女のこともいう。

【よいみや】宵宮　祭礼で、本祭りの前夜に行う祭り。一般には「よいみや」と読まれるが、日吉大社周辺では「よみや」と呼んでいる。「日吉山王祭礼新記」（貞享五年、一六八八）に「未日の四社神輿鼠社より列で二宮橋より夜宮道上り大宮拝殿へ」とあるように、「夜宮」の字があてられていた。

【りょうとうげきしゅ】竜頭鷁首　船首にそれぞれ竜の頭と鷁（中国の想像上の水鳥）の首とを彫刻した二隻一対の船。平安時代、貴族が池などに浮かべ、管弦の遊びなどをするのに用いた。

神輿の各部名称

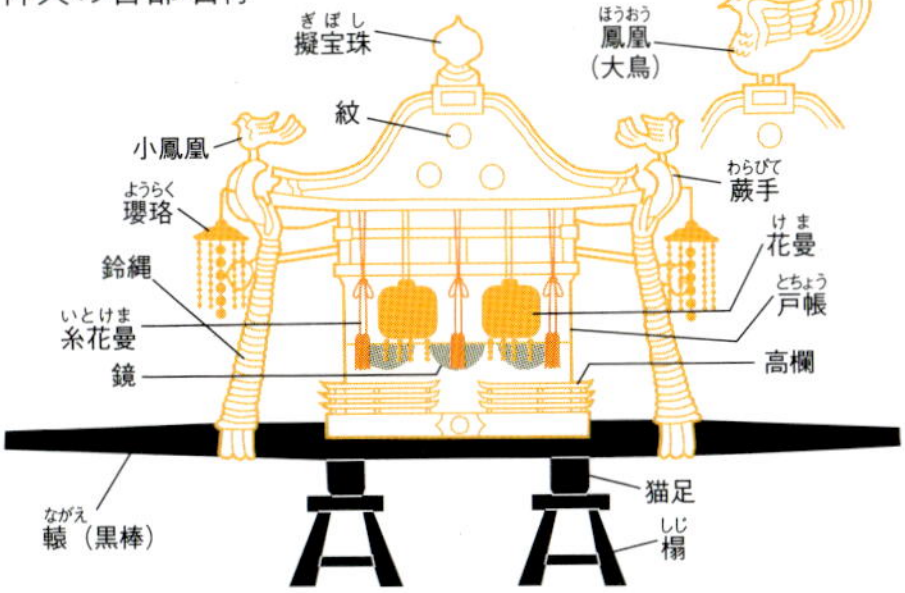

【ろうもん】楼門　二階造りの門。下層に屋根のないものをさし、下層に屋根があるものを二重門と呼んで区別する。

【ろくじっかんし】六十干支　十《じっ》干《かん》（甲《きのえ》・乙《きのと》・丙《ひのえ》・丁《ひのと》・戊《つちのえ》・己《つちのと》・庚《かのえ》・辛《かのと》・壬《みずのえ》・癸《みずのと》）と十二支《じゅうにし》（子《ね》・丑《うし》・寅《とら》・卯《う》・辰《たつ》・巳《み》・午《うま》・未《ひつじ》・申《さる》・酉《とり》・戌《いぬ》・亥《い》）を組み合わせたもので、旧暦では年月日になどあらゆる部分に用いられた［左の表］。
　本来、山王祭の中心行事は、卯《う》月《づき》（四月）の午・未・申・酉の日に行われた。記録が残る貞享《じょうきょう》元年（一六八四）を例にみると、この年の卯月朔日《さくじつ》（四月一日）は丁酉《ひのとのとり》で、祭礼は二十二日から二十五日にかけて行われている。

戊午《つちのえのうま》　午ノ神事
己未《つちのとのひつじ》　夜宮（宵宮）
庚申《かのえのさる》　御祭
辛酉《かのとのとり》　酉の神事

【わらびて】蕨手　早蕨《さわらび》のように先端が巻き込んだ形の意匠。刀の柄《つか》や神輿の屋根などにみられる。［神輿］の図参照。

六十干支

1	甲子	28
2	乙丑	29
3	丙寅	
4	丁卯	
5	戊辰	
6	己巳	
7	庚午	
8	辛未	
9	壬申	
10	癸酉	
11	甲戌	
12	乙亥	
13	丙子	
14	丁丑	
15	戊寅	
16	己卯	
17	庚辰	
18	辛巳	
19	壬午	
20	癸未	
21	甲申	
22	乙酉	
23	丙戌	
24	丁亥	
25	戊子	
26	己丑	
27	庚寅	
28	辛卯	
29	壬辰	
30	癸巳	
31	甲午	
32	乙未	
33	丙申	
34	丁酉	1
35	戊戌	2
36	己亥	3
37	庚子	4
38	辛丑	5
39	壬寅	6
40	癸卯	7
41	甲辰	8
42	乙巳	9
43	丙午	10
44	丁未	11
45	戊申	12
46	己酉	13
47	庚戌	14
48	辛亥	15
49	壬子	16
50	癸丑	17
51	甲寅	18
52	乙卯	19
53	丙辰	20
54	丁巳	21
55	戊**午**	22
56	己**未**	23
57	庚**申**	24
58	辛**酉**	25
59	壬戌	26
60	癸亥	27

貞享元年卯月↑

あとがき

坂本に生まれ、自分も早く祭に参加したいと憧れる幼少期を過ごし、ようやく一人前の駕輿丁となって先輩たちから仕来り、手順、作法を身につけたという当事者の強みだけはあるつもりでしたが、いざ書き始めてみると、疑問が生まれて立ち止まり、疑問に答えてくれる資料がどこにあるのかわからず、ようやく見つけて再び書き出すという有様で、非常に苦労しました。

山王祭は駕輿丁と日吉大社の双方が協力しあって実現する祭です。神事は神職が、神輿は駕輿丁が仕切る祭です。私は神輿を担ぎながら長年、神社さんと駕輿丁の双方から多くを学びました。そのご恩返しのつもりでようやくまとめることができました。

最近では神輿の神幸記録などを各駕輿丁の事務局で毎年書き残していますが、明治から昭和三十五年頃まではごくたまに記録が残されているだけです。また、湖西、湖北の漁港に赴き、昔この港から山王祭の舟を出していたのでお話を聞きたいと尋ねても、「そんな話は知らない」という返答しかなく、伝承の断絶を思い知らされました。

資料が非常に少ない中で何とか山王祭の行事をほぼ書き上げられたのは、ひとえに日吉大社の神職の皆さんと下阪本、中部、広芝それに至誠の各駕輿丁の皆さんの惜しみない協力があったからです。また本書をまとめるにあたり、日吉大社の研究者であり、同大社の旧職員として三十年来の友人である嵯峨井建さんの御支援をいただき、原稿のチェックをしていただきました。これらの皆さんの力添えなしには実現しませんでした。

あるいは思い込みや間違いがあるかも知れませんが、私の不勉強でありご教示願います。
今回の出版にあたり、サンライズ出版社長岩根順子様より快諾いただき、未熟な原稿を短期間で編集された岸田幸治さんには厚く御礼申し上げます。また、本年は東本宮御鎮座二一〇〇年のめでたい年にあたり、お陰様で山王祭を前に本書を日吉大神にお供えすることができました。うれしい限りです。この山王祭が坂本に生を享け住むものとして、子々孫々、未来永劫まで続くことを願って筆を置きます。

平成二十二年三月

八王子山奥宮に参拝して　山口　幸次

参考文献

伊賀敏郎編『滋賀縣漁業史 上（資料）』滋賀県漁業共同組合連合会（一九五四年）
居初家文書調査団編『近江国堅田居初家文書 第一巻・第二巻』居初寅夫（二〇〇一年・二〇〇二年）
今津町史編集委員会編『今津町史 第二巻 近世』今津町（一九九九年）
大津市私立教育会編『大津市志』淳風房（一九一一年）
大津市役所編『大津市史 上巻』（一九四二年）
大津市教育委員会編『大津の文化財』（一九九八年）
大津市役所編『新大津市史 別巻』（一九六三年）
景山春樹『神体山』学生社（一九七一年）
景山春樹『比叡山寺』同朋舎（一九七八年）
景山春樹校注『神道大系 神社編29 日吉』神道大系編纂会（一九八三年）
「角川日本地名大辞典」編纂委員会編『角川日本地名大辞典26 京都府 上巻』角川書店（一九八二年）
草津市編さん委員会編『草津市史 第二巻 近世編』草津市役所（一九八四年）
草津市編さん委員会編『草津市史 第六巻 南部地域編』草津市役所（一九九一年）
栗太郡役所編『近江栗太郡志 巻二』（一九二六年）
嵯峨井建『日吉大社と山王権現』人文書院（一九九二年）
寒川辰清著、宇野健一改訂校註『新註 近江輿地志略 全』弘文堂（一九七六年）
志賀町史編集委員会編『志賀町史 第二巻』志賀町（一九九九年）
柴田實監修『日本歴史地名大系第二五巻 滋賀県の地名』平凡社（一九九一年）
渋谷慈鎧編『天台座主記 校訂増補』第一書房（一九七三年）
秦石田・秋里籬島『近江名所図会 版本地誌大系一三』臨川書店（一九九七年）
杉立繁雄『今堅田の船大工仲間』（一九九四年）
膳所藩史料を読む会編『膳所藩郡方日記』四、五 滋賀県立図書館（一九九三年）
竹内将人編『粟津神社（田端さん）と粟津御供の変遷』粟津神社（一九七七年）
中村頼吉『日吉古式祭記』官幣大社日吉神社（一九四三年）
日吉神社社務所編『官幣大社日吉神社大年表』日吉神社（一九四二年）
日吉大社社務所編『山王さん 山王総本宮日吉大社略誌』（発行年不詳）
廣川勝美編集顧問『週刊古社名刹 巡拝の旅11 比叡の山 滋賀 日吉大社・延暦寺』集英社（二〇〇九年）
三宅辨造編『社寺要覧』滋賀県（一九二三年）
吉田ゆり子「神仏分離と門前町坂本」、都市史研究会編『年報都市史研究10 伝統都市と身分的周縁』山川出版社（二〇〇二年）
吉成勇編『別冊歴史読本 日本「神社」総覧 最新版』新人物往来社（一九九六年）蓮敬寺開基五百年法要執行委員会編『舟寄せ村の歴史』（一九九三年）
第七区青年会『日吉神社古式例祭記録帳』（一九〇六～一九三六年）
『山王祭礼絵巻』日吉大社蔵
『山上山下巡拝絵巻』個人蔵
『三塔堂塔絵巻』個人蔵
『山王祭礼貼り絵屏風』個人蔵
『日吉山王社建築図巻』個人蔵

協力者（敬称略）

日吉大社　安本陽二　山王祭実行委員会　嵯峨井建
馬渕直樹　木下博司　下阪本駕輿丁　和田光生
井口　健　北井征暁　中部駕輿丁　寺島典人
須原紀彦　千種正裕　広芝駕輿丁
矢頭英征　村上忠嘉　至誠駕輿丁

著者略歴

山口 幸次（やまぐち・ゆきつぐ）

1947年大津市坂本に生まれる。
フリーカメラマンとして山王祭の映像・写真を長らく撮影。自治会役員を長年務めるかたわら、山王祭に関する写真・原稿等を関係刊行物に執筆、掲載される。また、山草の食文化、坂本の伝統工芸藁細工の指導にあたる。
大津市坂本在住。
　坂本歴史文化資料保存会会長
　坂本の歴史を語る会事務局長
　滋賀県文化財保護指導委員

近江の祭礼行事❶

日吉山王祭《ひよしさんのうさい》 —山を駆け湖を渡る神輿《しんよ》たち—

2010年３月30日　初版第１刷発行

写真・文　**山口幸次**

発行者　**岩根順子**

発行所　**サンライズ出版**
〒522-0004 滋賀県彦根市鳥居本町655-1
TEL 0749-22-0627

印刷・製本　**P-NET信州**

Printed in Japan　ISBN978-4-88325-414-9